U0803231

谨以此书纪念
石门苏区创建87周年
中国工农红军第二、第六军团长征胜利80周年

石门县革命遗址遗迹

SHIMENXIANGEMINGYIZHIYIJI

中共石门县委党史办公室 编

方志出版社

图书在版编目(CIP)数据

石门县革命遗址遗迹 / 中共石门县委党史办公室编
—北京：方志出版社，2016.12
ISBN 978-7-5144-2267-2

Ⅰ.①石… Ⅱ.①中… Ⅲ.①革命纪念地—介绍—石门县 Ⅳ.①K878.23

中国版本图书馆 CIP 数据核字(2016)第 320479 号

石门县革命遗址遗迹

编　　者：中共石门县委党史办公室
责任编辑：齐　笑

出 版 人：冀祥德
出 版 者：方志出版社
地址　北京市朝阳区潘家园东里 9 号(国家方志馆 4 层)
邮编　100021
网址　http://www.fzph.org
发　　行：方志出版社发行中心
电话(010)67110500
经　　销：各地新华书店
印　　刷：湖南省石门县教育印刷厂

开　　本：787×1092　　1/16
印　　张：20
字　　数：275 千字
版　　次：2016 年 12 月第 1 版　　2016 年 12 月第 1 次印刷
印　　数：0001~1000 册

ISBN　978-7-5144-2267-2　　定价：145.00 元

· 版权所有　翻印必究 ·

《石门县革命遗址遗迹》编辑部

总 顾 问：谭本仲　　郭碧勋

顾　　问：周功表　胡　杰　王浦堂

策　　划：张吉全

主　　编：张吉全

副 主 编：刘狂彪

编　　辑：王本平

制　　图：谢应林

编辑说明

一、《石门县革命遗址遗迹》主要收录了新民主主义革命时期与中国共产党石门地方组织活动密切相关的革命遗址遗迹。《石门县革命遗址遗迹》收录革命遗址遗迹及其他遗址遗迹95处，图片305幅。全书简要介绍了革命遗址遗迹的地理位置、内容及相关历史背景、保护利用情况和现状。

二、《石门县革命遗址遗迹》以乡、镇（区、处）为章节，按组织机构遗址（旧址）、革命烈士故居（旧居）、重要革命活动情况、革命烈士纪念碑（墓）等类目分别记述。图片力求清晰真实，语言力求准确通顺。为增强可读性，编者对故事情节适当描述，对背景内容作了相关链接，尽可能使遗址遗迹内容全面、系统、完整。

三、《石门县革命遗址遗迹》设立《副编》记载相关遗址遗迹。

编　者

2016年12月

总　序

中国共产党在领导各族人民进行新民主主义革命的过程中，留下了许多珍贵的革命遗址。这些遗址有的也称旧址、旧居、故居、史迹、遗存、胜迹等。它们包括党的重要机构旧址；重要党史人物的故居、旧居、活动地；重要事件、重大战役战斗遗址；具有重要影响的革命烈士事迹发生地或墓地等，也包括新中国成立后兴建的内容涉及新民主主义革命的各类纪念馆、展览馆等纪念设施，以及能够反映革命时期党的重要历史活动、进程、思想、文化的各种遗迹等。

这些革命遗址，铭刻着中国共产党人和中国人民为民族独立和人民解放而英勇奋斗的光辉历程，蕴含着中国共产党人和中国人民艰苦奋斗、不屈不挠、一往无前、敢于胜利的革命精神，是中国革命的重要历史见证，是宝贵的革命历史文化遗产，是中华民族物质和非物质文化遗产的重要组成部分，也是人类文明史上独特的文化遗存。

新中国成立以来，很多重要的革命遗址得到了有效的保护、利用和开发，一些新的缅怀革命历史的纪念设施也陆续建立起来，成为爱国主义教育和革命传统教育的重要基地。但是，全国各地到底有多少革命遗址？分布在哪些地方？保护利用得怎么样？现状如何？这些底数还不是很清楚、很完整。在新的历史条件下，为了更好地保护、利用和开发革命遗址，迫切需要对全国的革命遗址进行一次全面、深入、准确的普查。

开展革命遗址普查，是党史工作“存史、资政、育人”的一项重要内容，是认真挖掘、整理和研究党史资源的重要途径。通过普查，全面了解各地丰富的党史资源，掌握各地革命遗址的基本情况及其生存状态，不仅有助于党史研究的深化和党史宣传教育的开展，而且还将为准确判断革命遗址保护形势、科学制定革命遗址保护利用政策提供依据。开展革命遗址普查，对于进一步继承、弘扬党的光荣传统和革命精神，培育、弘扬以爱国主义为核心的民族精神和以改革创新为核心的时代精神；对于建设和巩固社会主义思想文化阵地，大力发展社会主义先进文化；对于服务全国红色旅游，促进经济社会发展，都具有十分重要的意义。

党史部门，是党的历史的研究机构，又是主管党史业务的工作部门。做好革命遗址普查和保护工作，是党史部门的重要职责之一。2006 年，中共中央办公厅转发《中共中央党史研究室 2006—2010 年工作规划》(中办发〔2006〕23 号文件)，明确把开展革命遗址普查作为党史工作的一项重要任务，要求中央党史研究室制定规划，指导地方党史工作部门对本地区革命遗址进行一轮普查，掌握现状，向同级党委、政府或有关部门提出意见和建议，对重要革命遗址特别是濒危遗址加强保护、酌情合理开发利用；对保护措施不力的要督促整改。

2006 年 9 月，中央党史研究室召开全国党史研究室主任会议，传达贯彻中办发 23 号文件精神。此前，个别省(自治区、直辖市)做过一些革命遗址调查工作。此后，各地党史部门普遍将开展革命遗址普查工作列入了工作规划。在 2007 年 12 月召开的全国党史研究室主任会议上，确定在革命遗址数量多、类型多、范围广的江西省开展试点，取得经验后，再在全国推开。2008 年 6 月，中央党史研究室向江西省委党史研究室下发了革命遗址普查试点工作通知和方案。自此，革命遗址普查工作正式启动。2009 年 6 月，江西省试点工作圆满结束，为全国普查工作的开展提供了丰富的经验。

2009 年 11 月，中央党史研究室在江西南昌召开全国革命遗址普查工作会议，总结江西试点的经验，就开展革命遗址普查工作作出具体规定，并要求利用媒体大力宣传普查工作，使加强革命遗址保护的理念深入人心。会议印发的《全国革命遗址普查工作实施方案》,规定了革命遗址普查的范围和具体内容、组织机构和职责、普查方法和要求、普查时间与实施步骤,以及普查成果的提交和普查成果的保存利用等。此次会议之后,全国各级党史部门在各级党委的领导和支持下,迅速落实专项经费,进行工作部署,使普查工作在全国迅速推开。

2010年,中央印发了《中共中央关于加强和改进新形势下党史工作的意见》(中发〔2010〕10号文件),召开了全国党史工作会议。中央10号文件明确要求加强党史遗址保护,搞好纪念场馆建设,组织开展党史遗址普查,重点摸清革命遗址底数,同时注重调查党史方面的非物质文化遗产。2010年11月,中央党史研究室在广西南宁召开全国革命遗址普查工作会议,学习贯彻中央10号文件和全国党史工作会议精神,检查各地普查工作进展情况,对下一阶段工作,特别是提交普查成果和编辑出版《全国革命遗址普查成果丛书》作出了具体部署。会议要求全体普查人员深入学习中央10号文件和全国党史工作会议精神,坚持高标准、高质量地完成各项任务。

在中央党史研究室的组织、指导、推动下,在各地党委政府的重视、领导和支持下,在全国党史部门的广泛参与下,全国的革命遗址普查工作广泛展开深入推进,取得了显著的成果。

这次革命遗址普查,我们把它界定为对1949年新中国成立之前所有新民主主义革命遗址的普查。1949年之后的党史遗址、旧址等,内容、范围非常广泛,也非常复杂,暂时难以准确界定,所以不在本次普查范围之内。遗址普查的具体内容包括,每处革命遗址的名称、地址、面积、建筑样式及材质、形成时间、利用时间等基本情况;遗址本体的历史由来、使用状况、保存状况、陈列物品情况;遗址使用管理的所有权属、经费来源、工作人员状况;遗址周围的环境状况(包括自然环境和人文环境)等信息,以及图片资料和文字资料。此外,一些已被损坏的不复存在的重大遗址、遗迹也在普查之列。普查工作以县(区)为基本单元，实行全面普查与重点调研相结合的方法。为保证普查成果的真实、完整和科学，要求采取实地调查与档案资料、图书资料、报刊资料、口述资料等互证的办法，对每处遗址的相关信息严格核实，力求准确无误，确保普查资料、信息登记、统计汇总等各个环节有依有据。

革命遗址普查工作是一项十分艰苦繁杂的工作。普查人员需要熟悉统一的规范和要求，填写普查登记表，撰写革命遗址的历史背景，搜集历史图片，拍摄现状图片等。为了保证普查成果的质量和数据的准确无误，普查人员要亲自到每个遗址去进行测量、登记，还要走访当事人，深入档案资料馆，搜集资料，核实该遗址的来龙去脉。在一些条件艰苦的地方，特别是山区，普查人员只能靠双腿走进深山老林，在酷暑严寒中跋涉登攀，经常只能吃方便食品。全体普查人员以党史工作者崇高的责任感和使命感，排除万难，辛勤工作，坚持高标准、严要求，保证普查成果的质量和水平，为普查工作的顺利完成做出了巨大贡献。

经过全国两万余普查人员的共同努力，普查工作已经顺利结束，普查成果已经全部提交中央党史研究室。通过普查，基本摸清了全国革命遗址的底数，掌握了全国党史资源的分布情况。据不完全统计，全国共普查登记革命遗址近5万处，相关联的其他遗址5000余处。其中新发现了许多革命遗址和相关资料，填补了历史空白。如山西省共普查出3400余处革命遗址，是以前掌握数据的一倍多；安徽省新发现300多处。通过普查，还锻炼了全国的党史队伍，培养了党史工作者艰苦奋斗、严谨科学的精神。

为了使普查所得到的成果永久保存，使每个遗址所记载的历史信息能够留传后世，中央党史研究室组织全国党史部门汇总普查成果，统一编纂了《全国革命遗址普查成果丛书》。全部丛书共31卷、约150册。其中，由中共中央党史研究室负责编辑《全国重要革命遗址通览》作为第一卷。其余30卷由各省(自治区、直辖市)(不含西藏)党史部门负责编辑,每卷都包括若干分册。中央党史研究室集中全国党史部门意见,制定了统一的编写形式、内容要求、目录编排、印制规范、装帧设计、质量标准和各种技术要求等严密细致的编辑规范。每一卷、每一册都要按统一的规范要求进行编辑。2011年11月上旬,中央党史研究室专门召开了统一的审稿会,组织各省(自治区、直辖市)党史部门和有关专家进行自审、互审、专家审,统一对编辑规范的理解和把握。各省(自治区、直辖市)也相应组织了本地的统稿会。整个工作有序进行,力求使整个丛书达到较高的质量标准。

党史部门的革命遗址普查工作与全国的第三次文物普查工作有着紧密的联系。中央党史研究室参加了国务院第三次全国文物普查领导小组。2010年6月,中共中央党史研究室办公厅与国家文物局办公室联合下发通知，就进一步加强党史部门和文物系统在普查工作上的合作提出要求，强调两个系统的普查成果要互相验证,互为补充。党史部门在革命遗址普查中认为具备文物标准的,可向文物部门提出认定建议;文物部门拟认定为文物的革命遗址,可征求党史部门的意见。文物部门和其他有关部门对全国革命遗址普查工作给予了大力支持。在国务院第三次全国文物普查领导小组的有关会议上，刘延东国务委员多次对党史部门的革命遗址普查工作给予了肯定和表扬。

《全国革命遗址普查成果丛书》的出版,只是贯彻落实中央10号文件有关精神的第一步。开展革命遗址普查的主要目的,是为了更有针对性地保护和利用革命遗址。因此,我们还要认真研究分析全国革命遗址的基本状况,评估在保护利用上取得的成绩和存在的问题,有针对性地提出进一步加以保护的建议和意见,与各地党委、政府一起,加大对革命遗址保护的力度。要充分利用普查成果,在媒体上宣传革命遗址的历史背景和历史地位,宣传新发现的革命遗址,让更多的干部和群众了解革命遗址的价值，认识到保护革命遗址的重要性，增强保护意识，使保护革命遗址成为全社会的共识和自觉行动。要充分利用革命遗址这个独特的历史文化资源，积极推动红色旅游，广泛开展爱国主义和革命传统教育，大力弘扬和培育伟大的民族精神，为建设中国特色社会主义伟大事业做出贡献！

（作者系中共中央党史研究室副主任李忠杰）

2012 年 3 月 30 日

目 录

新 关 镇

夹 山 镇

秀坪园艺场

蒙 泉 镇

新 铺 乡

皂 市 镇

白　云　乡

维　新　镇

三　圣　乡

夹山国家森林公园管理处

副 编

石门县革命遗址遗迹普查情况综述

中共石门县委党史办公室

一、石门县革命遗址普查工作概况

为贯彻落实中共湖南省委办公厅湘办发〔2010〕7号文件关于“转发《省委党史研究室关于做好全省革命遗址普查工作的报告》的通知”精神，县委党史办从2010年2月开始，着手进行革命遗址普查工作。在相关部门的支持下，经过10多个月调查核实，截至12月底，基本完成了全县革命遗址普查工作。其具体实施步骤为：

(一)制定普查办法

根据中央、省、市党史部门的要求，县委党史办认真学习了《湖南省革命遗址普查实施方案》，制定了革命遗址普查办法。一是明确人员和职责。县委党史办抽出2人专门进行调查走访。二是澄清家底，了解革命遗址分布情况。在已有资料的基础上进一步完善、复查和补充遗址资料。三是开展宣传，让更多的干部群众了解和提供有关革命遗址资料。四是保证普查质量。坚持实地考察与查阅档案相结合，文字资料与口述资料、图片资料、音像资料相结合，确保普查结果的科学性、准确性、完整性。五是开展对革命遗址的保护、开发、利用和研究，对普查出来的有关问题及时向县委报告，进一步做好对革命遗址的维修、保护和开发利用工作。

(二)明确普查内容

按照中央、省、市党史部门的要求，本次革命遗址普查的内容是指新民主主义革命时期(1919—1949年)的革命历史文化遗址。普查标准时点为2009年10月31日(即以此时间为止存在的革命遗址和纪念设施)。主要内容为：1.党的重要机构旧址；2.重要党史人物的故居、旧居、活动地；3.重要事件、重大战役战斗遗址；4.具有重要影响的革命烈士事迹发生地或墓地；5.能够反映重要历史活动、进程、思想、文化的各种遗迹；6.新中国成立以来兴建的内容涉及新民主主义革命时期的纪念设施等。

在每项普查内容中做到“四个澄清”：一是每处革命遗址的名称、地址、面积、建筑样式及材质、形成时间、利用时间等情况要澄清；二是遗址本体的历史由来、使用状况、保存状况、陈列物品情况要澄清；三是遗址使用管理的所有权属、经费来源、工作人员状况要澄清；四是遗址周围的环境状况（包括自然环境和人文环境）等信息、资料要澄清。

（三）全面进行革命遗址普查

整个普查工作时间紧，任务重，我们在普查工作中大体分三步进行。第一步，取得档案、民政、文物等部门的支持，了解全县革命遗址的分布及现有资料情况。在澄清家底的基础上，利用新闻媒体向全县各乡镇、县直各部门发出通知，征集革命历史资料。第二步，组织普查人员实地考察、拍摄、收集革命遗址资料。对每处革命遗址资料做到逐一填写登记表，撰写历史背景。第三步，资料整理上报。本次普查革命遗址、遗迹共86处，按照要求上报省（市）党史部门的有21处，已编入《湖南省革命遗址通览》（常德卷）。

（四）全县革命遗址普查成果

此次革命遗址普查，先后走遍了全县19个乡镇（区），拍摄革命遗址、遗迹、墓碑、墓地、历史文物图片500多张，走访、了解知情人40多人次，采集历史资料1000余份，基本摸清了全县革命遗址的底数。据统计：全县普查登记的革命遗址、遗迹共86处，其中：重要历史事件和重要机构旧址、遗址42处；故居3处；烈士墓25处；纪念设施16处。

在86处革命遗址、遗迹中被公布为省级文物保护单位的有6 处，被公布为市级文物保护单位的有8处,被公布为县级文物保护单的有16处。

二、石门县革命遗址保护现状分析

我们通过对全县革命遗址、遗迹的普查,总的认为:县委、县政府及相关单位在革命遗址保护、利用方面做了大量的工作。楚江、蒙泉、夹山、三圣、壶瓶山等乡镇,经常组织青年、学生到革命纪念地进行革命传统教育。有的乡镇还组织撰写革命先烈的英雄事迹进行宣传。县委宣传部将一些重要的革命遗址公布为革命传统教育基地。由于种种原因,导致一些革命遗址因缺少维修保护,出现了或破损、倾斜、脱落,或遗物被毁,或遗址种植农作物,或遗址被占用等现象。有的遗址四周杂草丛生,有的遗址设施残缺不全、字迹不清。

1.南乡起义革命烈士纪念碑(烈士墓)。纪念碑(烈士墓)建于1985年,位于夹山镇西周村。长期失修,碑文字迹不清,墓已裂缝,草从墓中生。纪念碑、墓的阶梯已破损。

2.曾庆萱烈士墓。墓周杂草丛生,墓前两旁栏杆残缺不全,碑文字迹不清。曾庆萱旧居是石门县第一个党支部成立地,已被几度翻修。

3.石门县苏维埃政府旧址—贺家台。1930年2月,石门县苏维埃政府从泥二垭迁此,该房屋建于100多年前,现房屋倾斜破乱。住户用树木支撑才免遭倒塌。住户反映说:拆又不能拆,修又不能修,到底如何好?

4.贺锦斋烈士纪念碑。纪念碑立于泥沙枫香坡,因临近公路,长期受车尘尾气困扰,碑文模糊不清,环境脏乱。

5.泥沙区苏维埃政府旧址泰和合茶号。泰和合茶号建于1892年,房屋失修,破损严重。

6.贺龙办公地——大兴枞杨树村盛南炳老屋遗址。老屋已不复存在,遗址被当地老百姓种上了农作物。

7.王尔琢烈士旧居遗址。旧居遗址位于磨市镇南岳王官村,旧居在土改时被分给当地农民居住，后又被住户重新修建。现只剩下王尔琢旧居地基。通往王尔琢旧居遗址的是一条简易公路，下公路后还要走2公里多羊肠小道。

8、陈振亚烈士旧居。旧居房屋破损、倾斜。陈振亚烈士事迹介绍内容简单。

产生上述问题的主要原因：一是人为因素。缺乏对革命遗址保护、利用的意识，保护看管责任不到位。致使有的群众在遗址周围堆放杂草、树木，种植经济作物，损毁了遗址。二是资金因素。上级文物管理部门及县政府安排革命遗址维修保护的经费不足，再加上石门县革命遗址较多，"僧多粥少"，致使部分革命遗址长期失修而损坏。如石门县苏维埃政府旧址——贺家台，2002年由乡政府拿出500元资金对其屋顶进行过由茅草、树皮换青瓦，以后一直未维修。陈振亚烈士旧居已有170多年历史，1998年维修过。三是宣传教育因素。在市场经济环境下，弱化了对革命先烈的学习宣传。除南乡起义烈士纪念碑、贺锦斋烈士纪念碑、曾庆萱烈士墓有花圈外，其他革命遗址无纪念活动的开展迹象。

三、石门县革命遗址的保护、开发与利用

革命遗址铭刻着中国共产党人和中国人民为民族独立和人民解放而英勇奋斗的光辉历程，蕴含着中国共产党人和中国人民艰苦奋斗、不屈不挠、一往无前、敢于胜利的革命精神，是对广大干部和人民群众特别是青少年进行爱国主义教育和革命传统教育的重要阵地，是一笔宝贵的革命历史文化遗产。保护革命遗址就是保护党的历史，是党史工作"存史、资政、育人"的一项重要内容。对于进一步继承和弘扬党的光荣传统和革命精神，培育和弘扬以爱国主义为核心的民族精神；对于建设和巩固社会主义思想文化阵地，大力发展社会主义先进文化；对于服务红色旅游，促进经济社会发展，都具有重要的意义。

全县革命遗址普查结束后，县委党史办就保护与利用问题向有关部门作了汇报。县委、县政府及有关部门对革命遗址的维护、保护与开发利用工作非常重视，县财政下拨专项经费对革命遗址进行维修，2011年以来，已对南乡起义烈士墓、贺锦斋烈士纪念碑、黄鳌烈士墓、曾庆萱烈士墓等进行了维修和扩建。

1.各级领导经常过问革命遗址保护状况，建立落实革命遗址保护责任制，明确革命遗址保护看管人员，确保了革命遗址设施整洁、完好。同时，经常开展革命传统教育，营造革命传统教育气氛，并纳入党委、教育部门的教育规划和干部培训内容。还利用重大节日组织青年、学生到革命遗址所在地开展扫墓和追忆革命先烈浴血奋战的艰辛历程。以此增强人民群众尊重历史、保护遗址，树立中华民族传统美德和勤奋工作的精神。

2.安排革命遗址维修资金，对重要革命遗址进行了抢修。如县财政对陈振亚旧居、南乡起义烈士墓、贺锦斋烈士纪念碑、曾庆萱烈士墓、黄鳌烈士墓、南乡起义策源地——临石联立崇秀寺小学等遗址安排了专项经费进行维修和兴建。县广播电视局投资对泥沙区苏维埃政府旧址——泰和合茶号进行维修。夹山镇党委政府积极组织资金在崇秀寺建起了南乡起义策源地纪念碑。

3.把革命遗址作为红色旅游地与本县及周边的旅游资源相整合，进行同步建设，使之成为红色旅游区域。石门县革命遗址大都地处旅游景区同一方位上，进行区域性红色旅游开发即可建成。建成夹山寺、蒙泉湖、南乡起义烈士纪念碑、太浮山匪变殉难烈士纪念碑旅游带；皂市水库、峡峪河、热水溪、万仞洞、曾庆萱烈士墓、黄鳌烈士墓旅游带。把红二军团指挥部旧址、石门县苏维埃政府办公地——石门文庙、中共石门县特别支部成立地——湘北职专（秀峰书院）、石门县农民协会旧址（楚江镇第一完全小学）、石门县总工会旧址（城隍庙）、石门县妇女联合会旧址（八角楼）、“石中惨案”烈士殉难地（石门县城尼姑滩、蒋家洲、常德桥）、抗战阵亡将士纪念碑及石清公路沿线的王尔琢、陈振亚、郑洞国等旧居与泰和合茶号、贺锦斋烈士纪念碑、苏维埃石门县政府成立地泥二垭、苏维埃石门县政府驻地贺家台等建成红色旅游线路。

石门县革命遗址遗迹统计表

单位：处

乡镇名称	革命遗址	烈士墓	纪念设施	革命遗迹	故居	合计
楚江镇	7		4			11
易家渡镇	1	1				2
二都乡			1			1
新关镇		2				2
夹山镇	2	2				4
秀坪园艺场		1				1
蒙泉镇	2	1	2			5
新铺乡	1					1
皂市镇	1	1		1		3
白云乡	1	1	1			3
维新镇	6			1		7
三圣乡	6	3		1		10
子良乡		1				1
磨市镇	3	2		1	2	8
雁池乡	1	1			1	3
所街乡		1				1
罗坪乡			1			1
壶瓶山镇	2	2				4
南北镇	4	2	1			7
东山峰管理区	2		1			3
夹山管理处	1			1		2
	8①	6②	1③			15
合计	48	27	12	5	3	95

①②③：其他类型的遗址遗迹。

楚江镇

石门烈士陵园

石门县革命烈士纪念碑　王本平摄

石门烈士陵园位于易家渡镇双桥村画墙岭。

石门烈士陵园2011年被湖南省人民政府列为全省第一批重点建设单位。2012年10月12日，石门烈士陵园奠基仪式在易家渡镇双桥村举行，占地9.33公顷，计划投资3000万元。2014年8月1日，石门县烈士陵园开园仪式暨公祭革命先烈活动在易家渡镇双桥村隆重举行。2014年9月30日，常德市首个国家烈士纪念日在石门烈士陵园举行大型公祭活动。石门烈士陵园迁葬烈士 2485 名。陵园由牌坊、纪念广场、纪念馆和名将亭等构成。2015 年 8 月，石门烈士陵园被省政府命名为“湖南省全民国防教育基地”。

石门烈士陵园牌楼　王本平摄

石门县革命烈士纪念碑志

石门，革命宝地。开国元勋、党和国家领导人(任)弼时、贺龙、王震、肖克、(廖)汉生诸君，曾率红军八战石门，三次解放县城，开辟两大革命根据地。扩红长征，立下丰功伟绩。

石门，革命老区。年关暴动，扬威湘西。南乡起义，震惊省垣。1926 年密建党组织，1929 年始创苏维埃。武装割据，赤化全县。两建苏区，写下壮烈史篇。

石门，革命摇篮。地灵人杰，英豪辈出。十余位共产党人，勇担石门、桑植、鹤峰、五峰、长阳苏区县领导。上万名优秀儿女热血青年，争当工农红军。南征北战，炼出 80 余位军师团级将领。战功赫赫，谱成英雄凯歌。

石门，先烈鲜血染红的热土。沁日事变，石中惨案，几十共产党员血染石城山村。创苏区，反围剿，近万红军将士血洒十省百县。黄鳌保贺帅，一腔热血红溧阳。(贺)锦斋战敌魔，一身忠勇震泥沙。跟随毛委员，血献井冈山，红四军参谋长王尔琢，英灵长眠崇义。征战湘鄂赣，孤勇奔延安，毛主席的亲家陈振亚，忠魂永留迪化。抗击日寇，血战石门，成千国军将士为国捐躯。迎解放，剿土匪，百多解放军指战员英勇献身。抗美援朝，保家卫国，260 名志愿军英烈血流异国他乡。为革命胜利，为祖国富强，前仆后继、流血牺牲的无名英雄成千上万。今有名可考的烈士 2485 位。血艳红旗，换来幸福石门。

先烈回眸应笑慰，擎旗已有后来人。缅怀先烈，坚定崇高信仰。学习先烈，弘扬革命精神。我辈宣誓：继承先烈志，圆我中国梦；建设新石门，创造新功业。

先烈之名，永垂青史。

先烈之魂，光耀千秋。

先烈之功，壮美山河。

先烈之德，福惠人间。

中共石门县委
石门县人民政府
二〇一三年十一月

红二军团指挥部(石门县苏维埃政府)旧址

红二军团指挥部(石门县苏维埃政府)旧址——石门文庙　王本平摄

红二军团指挥部旧址和石门县苏维埃政府旧址位于石门县城文庙路石门文庙(石门县博物馆)。

1930 年 7 月上旬,红四军与红六军在湖北公安会师组成红二军团后,在湘鄂西广泛开展游击战争。10 月,邓中夏、贺龙率红二军团渡江南下,连克南县、华容、安乡、津市、澧县后,转攻石门。11 月 6 日,红十一团进击石门。团长覃甦果断攻打驻石门二都罗效之部,罗部逃窜。红军跟踪追歼,游击子良坪、太平街、杨柳、磨岗隘、泥沙、湖北鹤峰走马坪,生擒鹤峰县长俞明清等人,再挥戈慈利,在铁炉坪击溃了朱际凯团防队后,回师石门县城。11 月 13 日,红二军团主力攻占石门,第一次解放了石门县城。红二军团在石门建立临时后方,在石门文庙设立指挥部,一面对红军进行休整补充，一面发动群众扩大县游击队。邓中夏率红十七师留守石门县城，贺龙率主力迎击来犯之敌。

红军进驻石门县城后，中共石门县委、石门县苏维埃政府也由贺家台迁至石门文庙。在县城隆重召开选举大会，选出了石门县苏维埃政府新的领导班子。县苏维埃政府和红军，发动群众先后建立了7个区苏维埃政权、19个乡苏维埃政府、10个乡农协政权。

11月下旬，敌军向石门逼进。敌新十一师纠合罗效之残部占领了与县城一河之隔的夹山，妄图踞高进攻红军总部。21日清晨，贺龙率领红四师将士，从易家渡南渡澧水，穿过二都坪，向夹山之敌发起猛攻。战斗不到1个小时，负责把守夹口的罗部便逃向枣儿垭，红军轻取敌前沿阵地。红军迅速向山顶守敌发起冲锋，很快将守敌打散，占领山头。23日，红军一部追敌独立一旅一部于临澧佘市桥，将其击败，接着占领临澧县城。在临澧县城，从报纸上得知红一、三军团早已退出长沙，又从缴获的敌人文件中获悉津市之敌有向石门进攻的企图。于是，贺龙命令部队撤出临澧县城，撤至与石门交界的合口、新安一带，与红十七师会合。在合口前委召开会议，贺龙等主张撤回洪湖苏区迎击敌人"围剿"，邓中夏则主张再打津、澧，以实现夺取常德进击长沙的既定方针。12月1日，红二军团按照邓中夏的决定，再次攻打澧县县城。久攻不克，敌援军赶到，红军被迫退至松滋杨林寺、街河市一带。

红二军团离开石门不久，敌十九师李觉又纠集湘西土著武装约2个师的兵力，一部驰援津、澧，一部"清剿"石门苏区。失去红军援助，石门大部分区、乡苏维埃政权被摧垮。石门县苏维埃政府从石门文庙回迁磨岗隘，后又迁至贺家台。

相关链接：

石门文庙头门　王本平摄

石门文庙座落在石门县楚江镇文庙路8号，是石门县保存最完好的古建筑群。民国时期是石门县简易师范校址。占地面积5000平方米，建筑面积2000平方米。

石门文庙又称石门孔庙。宋皇佑四年(1052)始建。现存孔庙为明弘治十七年(1504)石门县令周邦领建。建筑群按南北中轴线对称布局，现尚存两个四合院。第一个四合院内有状元桥，穿过状元桥便是棂星门，靠棂星门的便是大成门，穿过大成门，进入文庙的第二个四合院。院右侧角落是钟楼，左侧角落是鼓楼。文庙的主体建筑是大成殿，殿名为赵朴初题书。大成殿现在是“石门县历史文物陈列馆”。大成殿前“孔子行教像”，1998年由香港孔教学院院长汤恩佳捐赠。东西两侧分别是东庑和西庑。

大成殿、孔子行教像　王本平摄

1984年5月，石门

文庙被石门县人民政府公布为第一批文物保护单位。2002 年 5 月，被湖南省人民政府公布为省级文物保护单位。

状元桥与棂星门　王本平摄

东庑　王本平摄

西庑　王本平摄

中共石门县特别支部旧址

秀峰书院后院　来源于石门县档案馆

中共石门县特别支部旧址——石门县立初级中学(湖南省湘北职业中专学校)位于石门县楚江镇澧阳中路16号。

1925年1月,中共湘区委根据中国共产党第四次全国代表大会关于“在全国范围内建立和加强党的组织建设,使学生运动与工人、农民运动结合起来,团员中的积极分子到农村中去从事农民工作”精神,派共产党员谭影竹到常德各地建立党的特别支部。

1925年7月,曾庆萱与袁东藩回到家乡,分别在杜家岗、新开寺和石门中学以教书为公开职业,秘密开展革命活动,酝酿成立党的组织和发展党员。1925年冬,国民党党员袁东藩去长沙,由国民党党部机关中共党团书记周以栗介绍加入中国共产党,并由国民党湖南省党部和中共湖南区委分别委任和指定他为国民党石门县党部筹备处主任和中共石门县特别支部书记。

袁东藩回县后,随即与曾庆萱等一起发展党员和秘密组建中共石门县特别支部工作,在石门中学及城区吸收了10多名共产党员。1926年年初,“中共石门县特别支部”成立(简称“特支”,代号“支凡”),是石门县第一个共产党组织。袁东藩任支部书记,袁东藩、曾庆萱、吴协仲、盛北凯任委员。“特支”办公地设在石门中学,隶属中共湖南区委。1926 年 11 月,“特支”升格为“县委”。1927 年 1 月,中共石门县委隶属中共常德地方执行委员会。

中共石门县委成立后,积极发展党的组织,组建工会、农民协会和工农武装,领导全县人民开展打击土豪劣绅和反动势力的轰轰烈烈的工农革命运动。石门反动当局及其爪牙土豪劣绅对此恨之入骨,千方百计伺机反扑。1927 年 4 月,大豪绅盛再生在白洋湖被农协会员抓住后,其侄盛联法纠合盛姓族人,假借调解之名,将盛再生放走。省农工特派员唐才春闻讯,和农协会员又在三圣乡河口北岔

秀峰书院　石门县档案馆提供

将盛再生截获，准备次日开宣判大会后处死。盛联法纠合流氓刀客40余众，连夜赶往北岔关押盛再生的刘俊儒家，黎明时分趁看押人员疲惫之机将盛抢走，杀死农协会员多名，放火烧了刘俊儒的房子。唐才春特派员不幸被砍成重伤后被大火烧成焦骸，壮烈牺牲。

上海“四一二”反革命政变、长沙“马日事变”和常德“敬日事变”的接连发生，为石门反动当局及土豪劣绅撑了腰、壮了胆。1927年5月下旬，石门县长刘夷叫嚣：“招尽天下刀客，杀尽共产党人”，“杀到新关去，血洗阎家溶”，勒令全县中、小学校停办，群众团体禁止活动，到处设岗放哨，戒备森严，捣毁地下联络点，盘查过路行人。县总工会会长邓恒泰、县工人纠察队队长易忠玖等临危不惧，5月26日深夜，他们在县城秘密联络点天主教堂集会，计议攻打县衙，举行武装起义。27

湖南省湘北职业中专学校　王本平摄

日清晨，形势进一步恶化，当局下令见人就抓，邓恒泰、易忠玖等惨遭杀害。接着，反动当局又捕杀了新关农协会长阎昌奎，委员阎于德、阎于谟、阎昌凤、王恩学，城区小学教员涂湘、刘祖永、申前元、涂自发，福田小学教员杨实吾、杨义臣，花薮小学教员蔡来臣和蒙泉青年申辅臣等。店员工会会长盛官珍被定为“共暴”惨死在反动派的屠刀下。史称石门“沁日事变”（27日的韵目代日为“沁”，故称“沁日事变”）。

“沁日事变”时，中共石门县委仅有龙在前、曾庆萱在县。赴长沙参加全省民代会的县委书记袁东藩改名袁平凡出走汉口避难，县委委员、县农协会长吴协仲则隐蔽于长沙岳麓山。县委委员盛北凯在省党校学习。“沁日事变”发生后，龙在前被迫潜伏常德，曾庆萱则回到杜家岗转入地下。中共石门县委停止工作，党组织上下级之间也失去联系。共产党员和党组织负责人遭到反动派的追杀，全县14个党的基层组织遭到破坏。中共石门中学支部、中共石门城区支部、中共水南渡支部、中共水南渡庆河小组于1927年5月停止活动。中共刘家峪支部、新关支部、福田支部、白云桥支部、竹板桥支部、官铺支部、龙岗支部坚持到7月后停止活动。农民协会多被解散，县工会被取消，其他群团组织也停止了活动。

忠烈祠（秀峰书院） 王本平摄

相关链接：

石门中学的前身是“有竺书院”，明正德年间（1506—1521）添平土司设。清乾隆三十三年（1768），知县许耀祖建“秀峰书院”。清道光十年（1830），知县曾维桢改“秀峰书院”为“天门书院”。民国29年（1940），秀峰书院更名为“忠烈祠”。民国31年（1942）改名石门中学。1960年，学校改名为石门县第二中学。1995年，与石门县第二职业中学合并，更名为“湖南省湘北职业中专学校”，副省长唐之享题写校名。党和国家领导人宋庆龄、郭沫若、杨得志等先后为学校题词。

1984年5月，石门县人民政府公布为（忠烈祠秀峰书院）第一批县级文物保护单位。2000年6月，常德市人民政府公布为第二批市级文物保护单位。2011年1月24日，湖南省人民政府公布秀峰书院（忠烈祠）为“湖南省省级文物保护单位”。

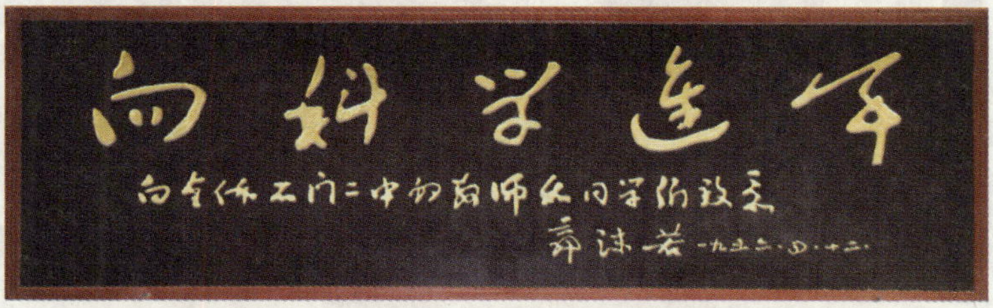

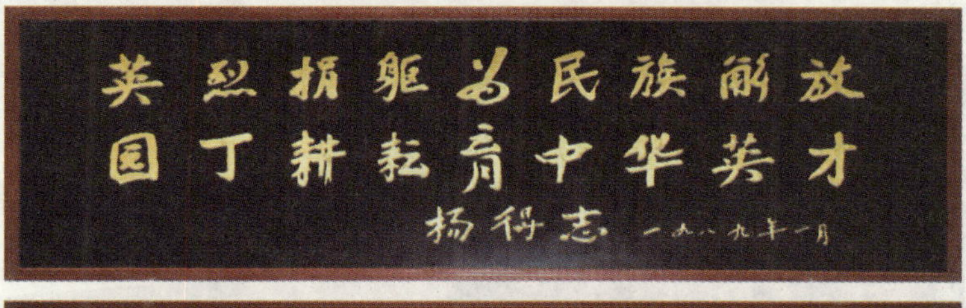

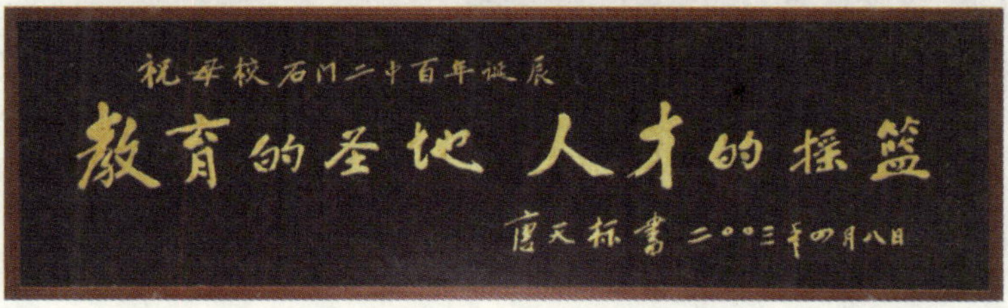

石门县总工会成立地遗址

石门县总工会成立地遗址位于石门县城城隍庙。

城隍庙位于石门县城澧水河畔。左邻清泉寺,右邻福音堂。由明知县杨永秀重建。万历四十七年(1619),知县严心师见拜亭倾圮,革故鼎建,义民郭希敏亦捐资助焉。清道光十四年(1834)、咸丰五年(1855)重修。新中国成立后,在其旧址上建石门县供销总社。

1926年10月,国民党石门县党部挂牌办公后,中共石门县特别支部立即开展农工工作,选派骨干力量与省农工特派员深入县城各行业访贫问苦,发现和培

石门县总工会成立地遗址(今石门县供销社所在地)　王本平摄

养积极分子,利用各种形式向工农群众宣传革命道理,鼓动工农群众团结起来闹革命。石门县城建起了缝纫、木业、理发、店员4个行业工会,会员达400余人。其中缝纫工会200多人,会长易忠玖;木业工会80多人,会长黄泽成;理发工会30多人,会长涂福受;店员工会60多人,会长盛官珍。1926年11月,石门县总工会成立,曾庆萱任会长,邓恒泰任副会长,办公地点设在城隍庙。至1926年年底,石门全县已在县城及夏家巷、皂角市等地建立泥木、缝纫、理发、店员、木业、篾业、五金等行业工会,全县工会会员发展到1300多人。

石门县第一个团组织(石门中学支部)成立地遗址

石门县立初级中学(秀峰书院)　来源于石门县档案馆

石门县第一个团组织成立地遗址位于石门县楚江镇澧阳中路16号湖南省湘北职业中专学校(原石门县立初级中学)。

1925年年初,袁东藩、曾庆萱就开始做青年工作,在石门中学吸收冉世冠加入共青团。中共石门县特别支部成立后,共青团、学联会、儿童团等组织也迅速发展。中共石门中学支部注重在学生中发现和培养积极分子,将品学兼优、16岁以上的青年积极分子吸收为"CP"(共产党员),16岁以下的积极分子吸收为"CY"(共青团员)。1926年10月,全县第一个团组织——中国共产主义青年团石门中学支部成立,晏碧敬任书记。

石门县女界联合会成立地遗址

石门县女界联合会成立地遗址位于石门县城八角楼。

申悦庐《胜利亭记——民国三十六年七月作》载："清康熙四十七年(1708)，知县许湄改建文庙于长溪北，以旧殿为文昌祠，阁为奎星楼，其后改名文星楼，嘉庆二十年(1815)重修，增为三层，清末乃更名曰楚江，俗称八角楼。"

1926年，石门农工运动不断发展，革命斗争日益深入，受苦最深的妇女，冲破枷锁，纷纷走出家门，投入反帝反封建斗争。1926年9月，龚梅兆率先在石门县组织起妇女协会。10月，石门县妇女协会改名为"石门县女界联合会"，龚梅兆任主任，涂冬姑任副主任，熊柏枝任宣传委员。会址设在八角楼。在乡村，一部分农民协会中也设立了妇女组织。"沁日事变"前，全县有8个区农民协会和40多个乡农民协会成立了妇女联合会，入会妇女达3000多人。"沁日事变"后，石门县女界联合会被迫解散。

石门县女界联合会成立地八角楼遗址(石门县人民政府广场右侧)　王本平摄

石门县农民协会会址遗址

石门县农民协会会址遗址——石门县楚江镇第一完全小学　王本平摄

石门县农民协会会址位于石门县城清泉寺（石门县楚江镇第一完全小学）。

《清同治石门县志校注》载：清泉寺，石门县原城隍庙以东，唐时创建。乾隆二十七年（1762），知县任其昌捐俸倡修。乾隆三十九年（1774），知县张拱极因前岳常澧道梁敦书捐银一百两，并书“灵泉荫注”匾额，率众续修。道光五年（1825）重修，同治五年（1866）补修后殿。曾掘有“天门第一名山”古碑，字大径尺，相传为襄阳米芾书。

1926年上半年，中共石门县特别支部根据中共湖南区委员会《关于农民运动决议案》的要求，派遣骨干与省农工特派员一道深入乡村，秘密联络贫苦农民和贫穷知识分子建立农民协会组织，领导农民开展革命斗争。

青年学生、共产党员曾庆萱，满怀拯世济穷的热情，从武汉中华大学返回家乡杜家岗后，以教书作掩护，通过走访、座谈、请年客等方式，向农民宣传“穷人要翻身，只有组织起来成立自己的政府进行革命”等道理，使不少农民觉悟起来，踊跃加入农会组织。曾庆萱率先在全县成立了刘家峪（千吉团）、乐山（同德团）、地坪(靖和团)等农民协会。为了加强领导,提高农民协会的战斗力,又在刻木寺成立仙阳区农民协会,由杜易武任会长。中共石门县特别支部还将刚从广州农民运动讲习所学成归来的杨烈(皂角市白沙渡人)派往皂市地区开展农运宣传工作。又组织成立了皂角市、镇水、渫南、石坪、朱坪、白鹤、喜燕桥、岩湾、亚北9个农民协会。

为指导农民运动,中共湖南区委、国民党湖南省党部,于1926年7月至1927年7月,先后派罗鸿斌、唐才春、龙家泉、刘俊儒、郑家给、刘炼中、岳有笔等20名农工特派员到石门,帮助宣传发动民众,建立和巩固农民协会。

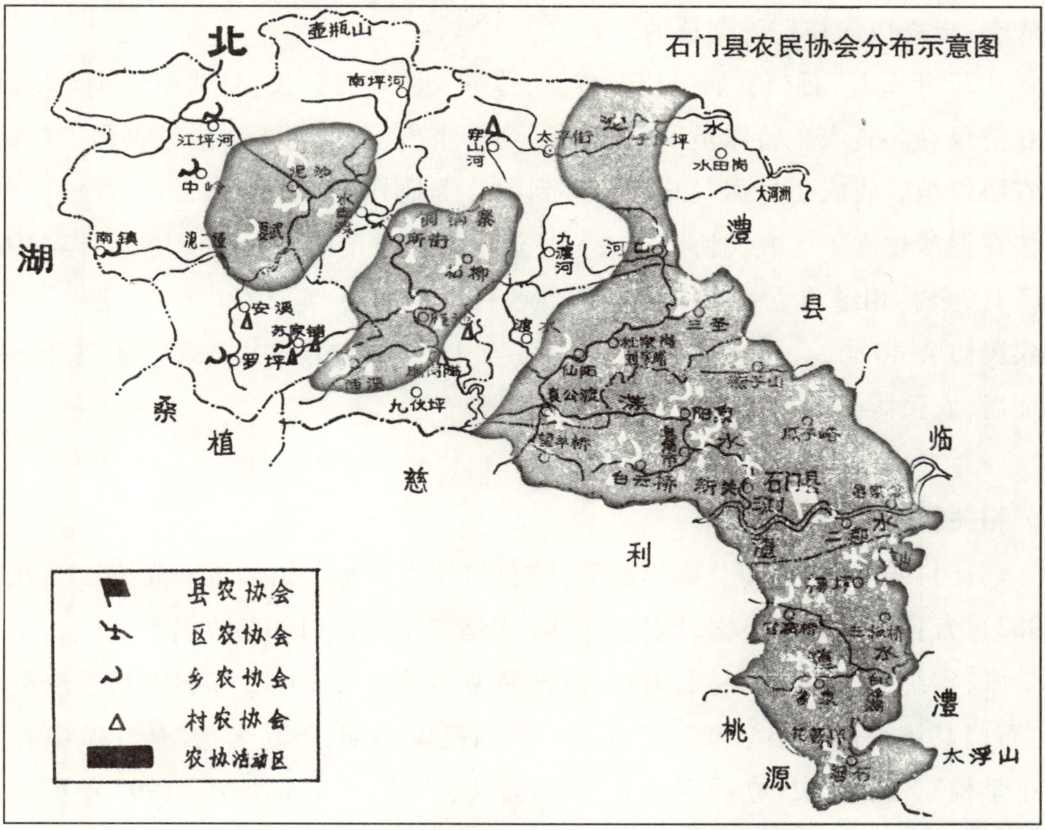

石门县农民协会分布示意图　石门县档案馆提供

1926年7月，龙家泉回到石门新关，发动农民成立新关区农民协会和阎家溶、竹园、五桂、安乐桥、雷家洲、中茅坪等乡农民协会。国民革命军北伐进入湖南后，全省农民运动转入公开时期。省政府发表了《关于农民运动的宣言》，国民党湖南省党部和中共湖南省委会联合派出大批农工特派员分赴各县，指导开展农民运动。1926年8月，国民革命军第九军第一师师长贺龙攻占石门，进一步推动了全县农民运动的发展。9月，石门县组织成立农民协会筹备处，并向全县农民发布了《宣言》。罗鸿斌在夏家巷组织农民成立蒙泉区农民协会。特派员向春皆在磨岗隘以教书为掩护，发动农民推翻陈优之、陈树升、覃九仇等土豪劣绅组织的假农会，成立以向祚儒为会长的新农会。

1927年2月，石门县农民协会成立，选举吴协仲为会长，另选委员4人，会址设在清泉寺。省农工特派员罗鸿斌先后到冷水街、夏家巷等地指导农运工作，建立农协组织。省农工特派员郑家给等到泥沙等地开展农运工作，组建农民协会，很快在泥沙建立了区农民协会以及南坪河、中岭、水南渡等乡农民协会。至1927年7月，全县相继建立了130多个区、乡、村农民协会，至1935年，又建立了乡、村农民协会40个，会员达4994人。1935年11月上旬，红二、红六军团离开石门长征后，农民协会停止活动。

相关链接：

《石门县志》记载：知县陈福萌筹办"石门县小学堂"，始创于清光绪二十九年(1903)，为县立第一所小学，于县城下街。光绪三十三年(1907)改名为石门县初等小学堂；宣统元年(1909)易名为"石门县简易小学堂"；民国2年(1913)学校更名为"石门县第一高等小学堂"(简称县一高)；民国初期，曾易名为"楚江镇中心国民小学校"。新中国成立后更名为"石门县城关镇第一完全小学"，1997年更名为"石门县楚江镇第一完全小学"。

石门县党史陈列馆

石门县党史陈列馆位于石门文庙乡贤祠。

石门县党史陈列馆占地面积约40平方米。展出内容分3个时期7个方面。即：大革命时期："石门县地方党组织的形成和发展""党领导下的农工青妇运动蓬勃兴起"。土地革命时期："南乡起义前后的党组织及其斗争活动""红军与石门的武装斗争""石门县苏维埃政权的建立与发展"。抗日战争时期："同仇敌忾，奋起抗日，斗争风起云涌，人民欢庆解放"。

石门县党史陈列馆(乡贤祠)　王本平摄

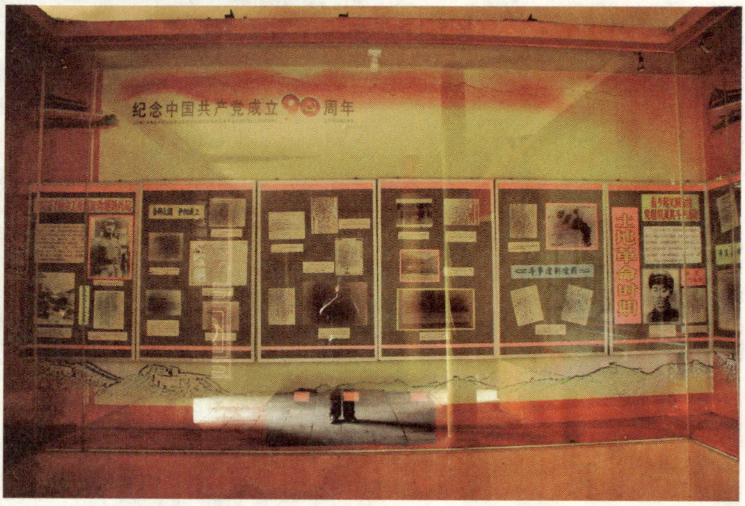

石门县党史陈列馆内部陈列　王本平摄

陈振亚烈士生平事迹展(馆)

陈振亚烈士生平事迹展(馆)位于石门县博物馆名宦祠。

陈振亚烈士生平事迹展(馆)(石门县博物馆名宦祠)展厅面积约40平方米。展示内容为陈振亚烈士光辉的一生。展览共分“立志革命”“战斗成长”“青山忠魂”“继往开来”四大部分。

陈振亚烈士生平事迹展馆(名宦祠)　王本平摄

陈振亚烈士生平事迹展内部陈列　王本平摄

陈振亚烈士生平展位于石门县档案馆二楼,展厅面积约50平方米。展览分“前言”“立志革命”“战斗成长”“青山忠魂”“继往开来”“后记”六大部分。

陈振亚烈士生平展内部陈列　王本平摄

“石中惨案”烈士纪念亭

2014 年 9 月 30 日竣工的“石中惨案”烈士纪念亭　王本平摄

“石中惨案”烈士纪念亭位于石门县楚江镇东门路与澧滨路交汇处。

为了纪念在 1928 年 3 月 23 日至 3 月 29 日“石中惨案”牺牲的苏清镐、伍经恕等 17 位先烈，铭记历史，进一步弘扬英烈革命精神，加强革命传统和爱国主义教育，2014 年启动“石中惨案”烈士纪念设施建设。纪念设施设有“石中惨案”史实简介碑、烈士简介碑、征联选刊碑、纪念亭匾牌、亭联等。

“石中惨案”烈士就义遗址有 3 处，即石门县城上河街尼姑滩、常德桥、蒋家洲。尼姑滩位于澧水河岸原王家牌楼至城隍庙一带；常德桥位于石门县第三中学对面石门燃料大厦后一带；蒋家洲位于石门影剧院对面丰彩财富广场一带。

1927 年 5 月 21 日长沙"马日事变"、1927 年 5 月 24 日常德"敬日事变"、1927 年 5 月 27 日石门"沁日事变"后，白色恐怖笼罩湖南城乡，中共石门县地方组织也遭到了严重破坏，革命活动被迫转入地下。

1927 年 7 月，中共湖南省委派遣共产党员、省农民协会秘书伍伯显回石门恢复党的地方组织，组织开展革命活动。伍伯显为便于开展地下革命活动，在石门县立初级中学校（俗称"石门中学"）开办中学学生补习班，安排外地求学回乡的进步知识分子苏清镐、邢业炳、宋人杰等为教员。伍伯显先后恢复了中共石门中学支部、石门中学团支部，吸收苏清镐、邢业炳、宋人杰等教员为中共党员。受石门县立初级中学校的影响，石门县第一高等小学校（俗称"石门一高"）、石门县女子高等小学校（俗称"石门女高"）的进步师生也开始组织起来，参与火热的革命活动。石门县立初级中学校一时成为石门县革命的中心和大本营。

1927 年 7 月，中共石门县委恢复，由伍伯显任县委书记，曾庆萱、陈奇谟、袁任远等为委员，制定了"恢复组织、发展党员、组织群众、准备暴动"的工作方针。

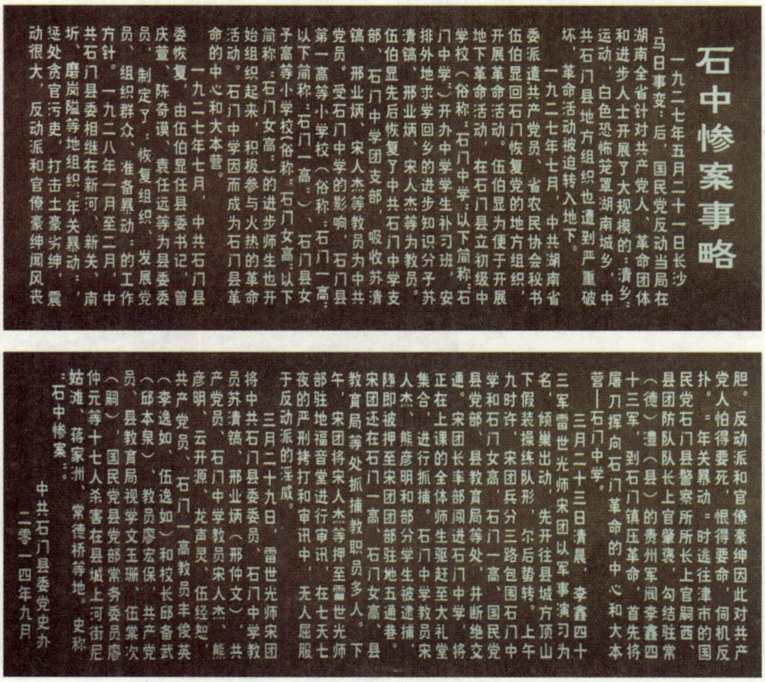
石中惨案事略

一九二七年五月二十一日长沙"马日事变"后，国民党反动当局在湖南全省针对共产党人、革命团体和进步人士开展了大规模的"清乡"运动，白色恐怖笼罩湖南城乡，中共石门县地方组织也遭到严重破坏，革命活动被迫转入地下。

一九二七年七月，中共湖南省委派遣共产党员、省农民协会秘书伍伯显回石门恢复党的地方组织，开展革命活动。伍伯显为便于组织开展地下革命活动，在石门县立初级中学校（俗称"石门中学"，以下简称"石门中学"）开办中学学生补习班，安排外地求学回乡的进步知识分子苏清镐、邢业炳、宋人杰等为教员。伍伯显先后恢复了中共石门中学支部、石门中学团支部，吸收苏清镐、邢业炳、宋人杰等教员为中共党员。受石门中学的影响，石门县第一高等小学校（俗称"石门一高"，以下简称"石门一高"）、石门县女子高等小学校（俗称"石门女高"，以下简称"石门女高"）的进步师生也开始组织起来，积极参与火热的革命活动。石门中学因而成为石门县革命的中心和大本营。

一九二七年七月，中共石门县委恢复，由伍伯显任县委书记，曾庆萱、陈奇谟、袁任远等为县委委员，制定了"恢复组织、发展党员、组织群众、准备暴动"的工作方针。一九二八年一月至二月，中共石门县委相继在新河、新关、南圻、磨岗隘等地组织"年关暴动"，惩处贪官污吏，打击土豪劣绅，震动很大，反动派和官僚豪绅闻风丧胆。反动派和官僚豪绅因此对共产党人"怕得要死，恨得要命"，伺机反扑。"年关暴动"时逃往津市的国民党石门县警察所所长上官嗣西、县团防队队长上官肇褒，勾结驻常（德）澧（县）的贵州军阀李鑫四十三军，到石门镇压革命，首先将屠刀挥向石门革命的中心和大本营——石门中学。

三月二十三日清晨，李鑫四十三军雷世光师宋团以军事演习为名，倾巢出动，先开往县城方顶山下假装操练队形，尔后蛰转。上午九时许，宋团兵分三路包围石门中学和石门女高，石门一高、国民党县党部、县教育局等处，并断绝交通。宋团长率部闯进石门中学，将正在上课的全体师生驱赶至大礼堂集合，进行抓捕。石门中学教员宋人杰、熊彦明和部分学生被逮捕，随即被押至宋团团部驻地五通巷。宋团还在石门一高、石门女高、县教育局等处抓捕教职员多人。下午，宋团将宋人杰等押至雷世光师部驻地福音堂进行审讯，在七天七夜的严刑拷打和审讯中，无人屈服于反动派的淫威。

三月二十九日，雷世光师宋团将中共石门县委委员、石门中学教员苏清镐、邢业炳（邢仲文），共产党员、石门中学教员宋人杰、熊彦明、云开源、龙声灵、伍经恕，共产党员、石门一高教员丰俊英（李逸如、伍逸如）和校长邱备武（邱本泉）、教员廖宏保，共产党员、县教育局视学文玉珊、伍棠次（嗣），国民党县党部常务委员廖仲元等十七人杀害在县城上河街尼姑滩、蒋家洲、常德桥等地。史称"石中惨案"。

中共石门县委党史办
二零一四年九月

"石中惨案"烈士纪念亭碑文《石中惨案事略》　王本平摄

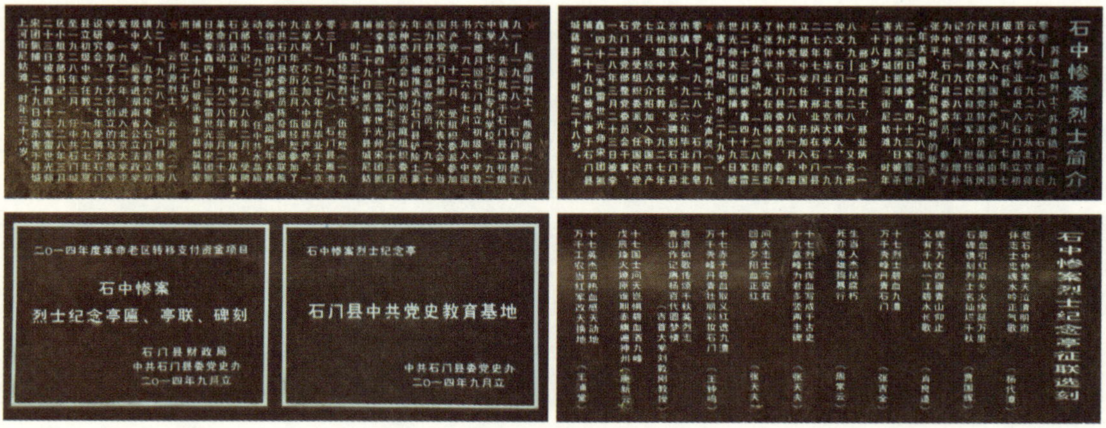

“石中惨案”烈士纪念亭碑刻　王本平摄

1928年1月至2月，中共石门县委相继在新河、新关、南圻、磨岗隘等地组织“年关暴动”，惩处贪官污吏，打击土豪劣绅，震动很大，反动派和官僚豪绅闻风丧胆。反动派和官僚豪绅因此对共产党人和革命力量怕得要死，恨得要命，伺机反扑。“年关暴动”时逃往津市的石门县警察所所长上官嗣西、县团防队队长上官肇褒，勾结驻常（德）澧（县）的贵州军阀李鑫四十三军到石门镇压革命，首先将屠刀挥向石门

“石中惨案”烈士就义地遗址——蒋家洲（丰彩财富广场一带）　王本平摄

“石中惨案”烈士就义地遗址——常德桥(石门燃料大厦后)　王本平摄

革命的中心和大本营——石门县立初级中学校。

3月23日清晨，李鑫四十三军雷世光师宋团以军事演习为名，倾巢出动，先开往县城方顶山下假装操练队形，尔后蛰转。上午9时许，宋团兵分三路包围石门县立初级中学校和石门县女子高等小学校、石门县第一高等小学校、国民党县党部、县教育局等处，并断绝交通。宋团长率部闯进石门县立初级中学校，将正在上课的全体教员学生驱赶至大礼堂集合，进行抓捕。石门县立初级中学校教员宋人杰、熊彦明和部分学生被逮捕，随即被押至宋团团部驻地五通巷。宋团还在石门县第一高等小学校、石门县女子高等小学校、县教育局等处抓捕教职员多人。下午，宋团将宋人杰等押至雷世光师部驻地福音堂一一进行审讯。在七天七夜的严刑拷打和审讯中，无人屈服于反动派的淫威。

3月29日，雷世光师宋团将中共石门县委委员、石门县立初级中学校教员苏清镐、邢业炳(邢仲文)，共产党员、石门县立初级中学校教员宋人杰、熊彦明、云开源、龙声灵、伍经恕，共产党员、石门县第一高等小学校教员丰俊英(曾化名李逸如、伍逸如)和校长邱备武(邱本泉)、教员廖宏保，共产党员、县教育局视学文玉珊、伍棠次(嗣)，国民党县党部常务委员廖仲元等17人杀害在县城上河街尼古滩、蒋家洲、常德桥等地。史称“石中惨案”。

附:"石中惨案"烈士简介

丰俊英烈士

丰俊英(1904–1928),女,1904年3月出生于湖北武昌的一个船员家庭。1922年考入湖北省立女子师范。1924年,尚未毕业,丰俊英毅然离校,全身心投入到革命活动中。

1925年,丰俊英在湖北纱厂总工会领导妇女运动,举办纱厂工人识字班,启发妇女觉悟,反对封建礼教,从旧礼教中挣脱出来。1926年4月,加入中国共产党。1927年,丰俊英任湖北省农协会总干事,在董必武直接领导下,发动农民起来革命。7月,丰俊英与丈夫蔡以忱(化名张仲平,1928年2月至4月任中共石门县委书记)受党组织派遣,来到石门,做党的地下工作。丰俊英化名李逸如、伍逸如,以体育教员身份从事地下活动。先后在石门六高、石门一高任教。1928年春节前后,张仲平与龙在前、曾庆萱等领导了"年关暴动",惩处了贪官污吏、土豪劣绅,振奋了石门人民的革命士气。丰俊英虽未参加"年关

丰俊英(右)与弟弟、表妹合影 来源于石门县委党史办资料

暴动”,但她掩护担任县委书记的丈夫张仲平开展活动,妥善地保存了暴动计划和党员名册等绝密文件,为发展壮大石门革命武装做了大量工作。“年关暴动”后,石门土豪劣绅企图东山再起,勾结驻常澧的贵州军阀李鑫的四十三军,闯入石门镇压革命。43军雷世光师所属宋团于3月23日(农历闰二月初二),采取突然袭击的办法包围了石门中学、石门一高、石门女高和国民党石门县党部、县教育局,疯狂抓捕共产党人及国民党左派。就在这一天,敌人闯进丰俊英住宅,翻箱倒柜,在皮箱夹层里搜到了党的文件。丰俊英与校长邱备武等不幸被捕。任凭敌人严刑拷打,丰俊英、邱备武他们仍然英勇不屈。29日,敌人将丰俊英他们绑赴刑场,丰俊英面对凶残的敌人,面不改色心不跳,高呼:“打倒国民党反动派!中国共产党万岁!”血洒石门县城上河街尼姑滩,年仅24岁。

龙声灵烈士　来源于石门县委党史办资料

龙声灵烈士

龙声灵(1900—1928),石门县皂市镇人。1926年毕业于北京师范大学。后受聘到石门县立初级中学校任教。1927年7月,经人介绍加入中国共产党,并受组织委派,任国民党石门县党部整党委员会干事。1928年3月23日被李鑫四十三军雷世光师宋团抓捕,经受住了敌人的严刑拷打和审讯,29日被杀害于石门县城蒋家洲,时年28岁。

文玉珊烈士　来源于石门县委党史办资料

文玉珊烈士

文玉珊(1897—1928),石门县蒙泉镇人。1919年考入湖南省立第二师范学校。1923年任石门县教育局督学员。1926年加入中国共产党。1926年10月任中共磐石支部组织委员。1928年3月23日被李鑫四十三军雷世光师宋团抓捕,经受住了敌人的严刑拷打和审讯,29日被杀害于县城蒋家洲,时年31岁。

熊彦明烈士　来源于石门县委党史办资料

熊彦明烈士

熊彦明(1891—1928),石门县楚江镇人。先后就读于石门县立初级中学校、长沙工业专科学校。1926年腊月回石门县立初级中学校教书。1926年7月加入中国共产党。11月,受组织委派参加国民党石门县第一次代表大会,当选为县党部监察委员。1927年2月,被推选为石门县铲除土豪劣绅委员会和特别法庭组织委员会委员。1928年3月23日被李鑫四十三军雷世光师宋团抓捕,经受住了敌人的严刑拷打和审讯,29日被杀害于县城尼姑滩,时年37岁。

苏清镐烈士

苏清镐(1900—1928),石门县白云乡人。1926年从北京师范大学毕业后进入石门县立初级中学校任教。1927年7月加入中国共产党。后由国民党湖南省党部整党特派员蒋保炯介绍至石门县农民自卫军,担任书记官。1928年1月,增补为中共石门县委委员,参与了张仲平、龙在前等领导的新关“年关暴动”。1928年3月23日被李鑫四十三军雷世光师宋团抓捕,经受住了敌人的严刑拷打和审讯,29日被杀害于县城上河街尼姑滩,时年28岁。

邢业炳烈士

邢业炳(1899—1928),又名邢仲文,石门县皂市镇人。1926年毕业于北京大学。1927年7月,邢业炳在石门县立初级中学校任教,并加入中国共产党。1928年1月,增补为中共石门县委委员,参与了张仲平、龙在前等领导的新关“年关暴动”。1928年3月23日被李鑫四十三军雷世光师宋团抓捕,经受住了敌人的严刑拷打和审讯,29日被杀害于县城,时年29岁。

宋人杰烈士

宋人杰(1901—1928),石门县夹山镇人。先后在石门县第二高等小学、石门县立中学就读。1923年考入国立武汉大学。1925年加入中国共产党。1926年秋,宋人杰受组织派遣,到石门县立初级中学校任教,以教书为名,秘密从事革命活动。1926年12月至1927年夏,任中共夏家巷支部书记。1928年3月23日被李鑫四十三军雷世光师宋团抓捕,经受住了敌人的严刑拷打和审讯,29日被杀害于县城上河街尼姑滩,时年27岁。

廖仲元烈士

廖仲元(?—1928),国民党石门县党部常务委员,石门县立第一高等小学校教员。1928 年 3 月 23 日被李鑫四十三军雷世光师宋团抓捕,经受住了敌人的严刑拷打和审讯,29 日被杀害于县城蒋家洲。

伍经恕烈士

伍经恕(1903—1928),石门县雁池乡人。1927 年 7 月毕业于北京法学院,不久加入中国共产党。1928 年农历正月,伍经恕参加了中共石门县委委员陈奇谟、盛联熊等领导的苏家铺、磨岗隘“年关暴动”。1927 年冬,任中共水晶庙支部书记。1928 年 2 月,受聘石门县立初级中学校任教,继续从事革命活动。1928 年 3 月 23 日被李鑫四十三军雷世光师宋团抓捕,经受住了敌人的严刑拷打和审讯,29 日被杀害于县城蒋家洲,年仅 25 岁。

云开源烈士

云开源(1892—1928),石门县维新镇人。1906 年考入石门县立初级中学校,后考进湖南省公立法政学堂。1921 年,进入北京大学求学,参加了李大钊创立的马克思学说研究会。1927 年受聘于石门县立初级中学校任教。1927 年夏至 1928 年 3 月,任中共石门城区小组支部书记。192 8 年 3 月 2 3 日被李鑫四十三军雷世光师宋团抓捕, 经受住了敌人的严刑拷打和审讯,2 9 日被杀害于县城上河街尼姑滩,时年 36 岁。

王尔琢烈士纪念园

王尔琢烈士纪念园位于石门县城澧阳中路湖南省湘北职业中专学校大门前左侧。其主体纪念设施“王尔琢塑像”揭幕于 1986 年 5 月 29 日。2015 年，在澧阳路提质改造中，县委、县政府进行了维修扩(改)建。并命名为“王尔琢烈士纪念园”。

湖南省湘北职业中专学校校址为石门县立初级中学校（即石门县第二中学前身)旧址。1921 年 9 月至 1924 年 3 月，王尔琢曾就读于石门县立初级中学校初 9 班。1924 年 5 月，王尔琢离开母校，考入黄埔军校第一期。

①王尔琢烈士塑像　②尔琢纪念园石刻　③王尔琢烈士塑像碑文　王本平摄

易家渡镇

中共石门县委驻地遗址

中共石门县委驻地遗址——涂家河位于易家渡镇澧水河畔（石门县第一中学附近）。

1928年3月23日至29日，石门发生了震惊全省的“石中惨案”。县委委员、石门中学教师苏清镐、邢业炳，共产党员、石门中学教师宋人杰、熊彦明、云开源、龙声灵、伍经恕，共产党员、石门第一高小教师丰俊英和校长邱本泉、教师廖宏保，共产党员、县教育局视学文玉珊、伍棠嗣，国民党石门县党部常务委员廖仲元等17人被敌人分3批杀害在县城上河街尼姑滩、蒋家洲、常德桥。一时间，石门县城学校停课，商店关门，街道冷落，路断人稀。

“石中惨案”发生后，县委（书记张仲平）被迫转移到离县城5公里地的涂家河。1928年4月，张仲平回中共湘西特委工作，张海涛代理县委书记。5月，张海涛奉中共湘西特委指示，北上子良坪、太平街，开辟松滋、渔阳关、五峰等地交通线。中共湘西特委指令曾庆萱担任县委书记，县委迁往仙阳。

中共石门县委驻地遗址——涂家河　王本平摄

涂福多、涂自和烈士墓

涂福多、涂自和烈士墓位于石门县易家渡镇合坪村郭家河。墓碑由易市公社永固大队革委会于1976年3月立。

涂福多(1902—1928),石门县楚江镇永固居委会人,1902年出生,1928年参加革命,曾任石门县易市乡农民协会会员。1928年7月,在石门县易市乡涂家河惨遭杀害。

涂自和(1905—1928),石门县楚江镇永固居委会人,1905年出生,1928年参加革命,曾任石门县易市乡农民协会会员。1928年7月,在石门县城英勇就义。

涂福多、涂自和烈士墓　张吉全摄

二 都 乡

曹家棚英烈纪念园

曹家棚英烈纪念园 段远明摄

曹家棚英烈纪念园位于二都乡曹家棚居委会。

石门曹家棚革命烈士纪念园由纪念碑、烈士墓、烈士简介碑刻、中国工农红军第二军团第四师第十一团曹家棚救护所旧址等组成。占地面积约 100 平方米。2013 年 3 月建成。

1930 年 10 月，贺龙率领红二军团南渡长江，占南县华容，取公安，克津市，围澧州，湖南国民党军极为恐慌，国民党湖南省政府主席何键急电退缩到安乡的国民党军新十一师，驻临澧县的独立第一旅李国钧部，驻慈利的湖南警备第一军陈渠珍部，火速救援澧州。石门团防罗效之接何键密令，纠集 500 多人，驻二都曹家棚，定于11月6日开赴澧州(县)增援，贺龙为避强敌，决定“撤离澧州，转攻石门”，开辟石门大后方。红二军团第四师第十一团团长覃甦接贺龙指令，急派员侦察进军路线及石门敌情，得二都曹家棚地下党龚光望、龚师臣之报，将此情况报告红军。兵贵神速，11月5日下午，覃甦当即立断，率部主动放弃津市，火速挥师石门，经过10余小时的急行军，红十一团于11月6日清晨抵达石门二都千台、江家坪、陈家祠一带。兵分五路包围曹家棚，使敌罗效之部成瓮中之鳖，覃甦一声令下，红军从天而降，打得睡梦中的敌人喊爹喊娘，四处逃窜。罗效之则乘夜色躲进澧水河边一破牛棚，天亮后化装只身逃往石门县城。经4小时激战，红军大获全胜，共歼敌250余人，俘虏250余人，缴获各种枪支300余支。

在曹家棚战斗中，有10名红军战士负伤。曹家棚地下党在“三祝堂”土地庙设立临时救护所，将其中3名重伤员安排在土地庙后一棵六七人合抱的古槐树

刘志江、陈天宇、张德高三烈士墓 段远明摄

的孔洞中,7名轻伤员安排在土地庙内靠围墙边临时搭建的晒罩棚中,每天一粥两饭,浆衣洗裳由乡农协会妇女主任陈腊姑料理。寻医买药、通信联络由龚光望、龚师臣负责。不久鲁天保、贺重生、梁功德等7名轻伤员痊愈归队,陈天宇、刘志江、张德高(机枪手)3名湖北省籍重伤员终因失血过多,救治无效而牺牲,3位红军烈士的遗体被安葬在古槐树后。

1930年11月13日,贺龙率红二军团攻克石门。红二军团进驻石门后,抓紧时间进行休整,补充兵员。同时,广泛发动群众,打土豪分田地,建立革命政权。在较短时间内,先后建立了一区、南圻、渫阳、子良坪、太平、梨树溪、刘家坪等区、乡苏维埃政权。一区苏维埃政权设在曹家棚,由涂福化担任主席。一区所辖二都坪,还相继建立了曹家棚、花山坪、黄龙岗、中渡口、土山、宝塔河、南台山、高桥等乡农协会。曹家棚乡农协会由龚光望任会长,龚师臣任副会长兼书记员。曹家棚乡苏维埃建立后,开展了轰轰烈烈的打土豪、分田地等运动,一批土豪劣绅被惩罚,有力地支持了红军反围剿和巩固石门苏区的斗争。

1933年,龚光望、龚师臣回家探亲时被反动派逮捕后英勇就义。

曹家棚乡苏维埃妇女主任陈腊姑,1983年因病去世,享年78岁。

新　关　镇

阎昌奎烈士墓

阎昌奎烈士墓位于新关镇太平村。

阎昌奎(1903—1927),男,1903年出生于新关镇太平村老鸦山。在县城读书时,结识了一些有文化、见识广的人。1925年冬,袁东藩、曾庆萱等回县开展革命活动。阎昌奎积极和他们接触,听他们讲时事,从中受到了很大教育与启发。1926年正月,在袁东藩等人的指导下,新关建起了农民协会,阎昌奎被推选为会长。阎昌奎等10多人还被袁东藩、曾庆萱秘密发展为中共党员。7月,在省立二师读书的龙在前为农工特派员,回到家乡新关开展革命活动。龙在前与阎昌奎、邓恒泰等人是同乡好友,龙在前回到新关,与阎昌奎一道发展党员,组建了新关党支部,阎昌奎被推选为书记。在阎昌奎的领导下,新关党支部很快就建起了阎家溶、竹园、五桂、安乐、雷家洲五个农民协会。

阎昌奎烈士墓　来源于石门开门网

新关农协成立后,阎昌奎率领农协会员积极开展打击流氓地痞、禁止打牌赌博、捉鸦片鬼游乡、毁庙烧菩萨、提倡男女平等革命活动。他动员龙在前的妹妹龙家英、龙梅芳、龙兰芬带头剪发放足、走出闺房,加入农协。11月,新关农民运动进入高潮,阎昌奎率领农协会员一举捣毁新关团防局。国民党石门县长彭石渠与驻石团长刘玉珊将此事禀报了常德专署警备司令部,并奉令率兵30多人捉拿阎昌奎。铲除土豪劣绅委员会委员和特别法庭委员会委员的中共党员熊彦明等10人,联名要求彭县长、刘团长释放阎昌奎。由于土豪劣绅龚星伯等作梗,彭县长、刘团长不仅没有释放阎昌奎,反而将熊彦明等人收押。县总工会、县农协会、县教育会等13个团体的负责人到常德专署和省府,要求释放阎昌奎、熊彦明等人,严惩彭石渠、刘玉珊、龚星伯。迫于形势,国民党当局释放了阎昌奎、熊彦明等人,撤掉彭石渠、刘玉珊职务,平息风潮。

1927年2月,"旅外学生回乡工作团"团长江伯龙、副团长龙在前,遵照中共石门县委指示,首举义旗,准备捉拿石门县城的大土豪劣绅曾茂斋、龚星伯。阎昌奎、邓恒泰等得知后,立即从新关农民协会和县工人纠察队中挑选百余人,暗中配合行动。13日黎明,阎昌奎、阎于德和邓恒泰、易忠玖分别率领农协会员和工人纠察队员,手执镰刀、榔头、木棒、扁担,埋伏在县城西北夹板峪两边的山上,待曾茂斋、龚星伯应旧商会王裕元之邀,前往县城田家巷王家私宅赴宴途中,迅速将2人逮住,并将王裕元一并捉拿归案。阎昌奎、邓恒泰当天就把3人押到县城蒋家洲的千人会场,交给以县委委员、县农运部部长吴协仲为首的石门县铲除土豪劣绅委员会和特别法庭进行公审。公审后,由县工人纠察队队长易忠玖率队押着游街,然后由新关农民纠察队队长阎于德率队押着游乡,最后把曾茂斋、龚星伯、王裕元押到新关安乐桥下处死。

2月中、下旬,阎昌奎、覃正协、阎于德等新关农协负责人邀约县总工会的邓恒泰、易忠玖、盛官珍等负责人,与省农工特派员和县旅外学生回乡工作团成员密切配合,遵照县委指示,又捉拿了鱼肉百姓、气焰嚣张的唐鸿章、贾宇范、陈南

轩等人。逃跑到常德的郭笏卿也被捉回县城,一并交县铲除土豪劣绅委员会和特别法庭进行公审。公审后,阎昌奎、邓恒泰、易忠玖、阎于德率队把他们押到县城北郊的常德桥,送上断头台。

正当工农群众团结一心,革命烈火越烧越旺之时,长沙"马日事变"、常德"敬日事变"相继发生,石门反动县长刘夷与财主豪绅沆瀣一气,狂叫"招来天下刀客,杀尽共产党人""杀到新关乡,血洗阎家溶"。勒令工会、农会停止活动,中、小学停课。纠集县内所有反动军、警、宪、特,到处设岗放哨,盘查过路行人。形势严峻,阎昌奎、邓恒泰、易忠玖无所畏惧。26 日深夜,他们到县城秘密联络点天主教堂集会,计议攻打县衙,举行武装起义。

27 日清晨,形势急剧恶化,当局下令见人就抓,阎昌奎、邓恒泰、易忠玖不幸落入敌手,史称石门"沁日事变"。6 月的一天,阎昌奎被敌人绑到县城蒋家洲杀害,时年 24 岁。

邓恒泰烈士墓

邓恒泰烈士墓位于石门县新关镇新关社区中茅坪马家溶。

邓恒泰(1889—1927),又名邓家全,1889 年 8 月 18 日生,石门县新关镇茅坪村人。因家庭贫困,10 岁后才读两年私塾。后辍学在家务农。20 岁时,便和大哥邓恒举合作经营印染,挑起货郎担走乡串户,结识各方人士。

1926 年 2 月,经龙在前介绍,邓恒泰加入了中国共产党。

1926 年 7 月,石门县总工会筹备处成立,邓恒泰被推选为筹备处成员。他积极参加各行业工会的组建工作,很快,县城各行业组织起工会,会员发展到数千人。他还和阎昌奎、覃正协等,组建起了石门县第一个乡农会组织——新关农民协会。

邓恒泰烈士墓 来源于石门新闻网

1927 年 2 月 5 日，石门县总工会成立，邓恒泰被选为副会长。不久，会长曾庆萱组织武装斗争，邓恒泰继任会长。“石门旅外回乡工作团”在团长江伯龙、副团长龙在前的带领下，准备捉拿石门县城豪绅曾茂斋、龚星伯、王裕元。邓恒泰闻讯，遂与新关农民协会主席阎昌奎等商议，组织可靠群众百余人，暗中配合行动。13日黎明前，邓恒泰和阎昌奎指挥携带着斧头、镰刀、锄头、扁担等物的农协会员，埋伏在夹板峪（现石门县人民医院后山一带），待曾茂斋、龚星伯应旧商会王裕元之邀，前往县城田家巷私宅赴宴时，将其逮住，王裕元也被捉拿。邓恒泰和县铲除土豪劣绅委员会主任吴协仲在县城蒋家洲主持召开大会，代表人民宣判他们的罪行，将3人处死在石门城郊的安乐桥。接着，邓恒泰、江伯龙、易忠玖（县工人纠察队队长）率领群众上街游行，捣毁城隍庙和天主教堂，赶走基督教徒，推倒尼姑庵。

1927年5月，长沙发生“马日事变”、常德发生“敬日事变”，石门县城乌云压顶，反动派杀气腾腾，“杀到新关乡，血洗阎家溶。”邓恒泰临危不惧，一方面组织机关人员撤离，一方面同敌人进行勇敢斗争。5月26日晚，邓恒泰与县工人纠察队长易忠玖等到县城秘密联络点——石门天主教堂集会，计议夺取国民党县政府武装，举行武装暴动。是夜，县城戒严，敌人到处置岗设卡，见人就抓。邓恒泰不幸落入敌手，27日被杀害于石门县城常德桥，年仅38岁。

夹 山 镇

南乡起义烈士纪念碑(烈士墓)

2013 年维修后的南乡起义烈士纪念碑　王本平摄

南乡起义烈士纪念碑和烈士墓位于石门县夹山镇官渡桥西周村 9 组。

1928 年 7 月,19 名南乡起义游击队员被枪杀于此（17 人当场死亡,1 人生还,1 人被押往栗山坡杀害)。1986 年 7 月,由中共石门县官渡桥镇委员会官渡桥镇人民政府重建。纪念碑上迁 40 米,经 56 步台阶上至纪念碑。纪念碑碑后是 5 米×5 米圆形墓冢。1985 年 9 月 2 日,南乡起义领导者、曾任中央顾问委员会委员

善人坡南乡起义殉难烈士墓　王本平摄

的袁任远亲笔题写“南乡起义烈士永垂不朽”。碑后镌刻对联“碧血千秋垂青史、风范万代贯长虹”和《善人坡烈士殉难记实》。

南乡起义烈士纪念碑长4.5米,宽3米。烈士墓冢,直径6米,高1.8米,为水泥堆砌而成。建筑占地100平方米,保护范围500平方米。2012年由县财政安排专项资金40万元整修扩建,修通1.3公里水泥公路,新修纪念广场80平方米。

1928年年初，中共湘西特委和中共石门县委决定在石门举行年关暴动。中共石门县委委员袁任远在1927年7月、8月间潜往南乡,作暴动准备。袁任远以教书为名,暗地着手恢复党的组织,先后成立了中共花薮、盘石、蒙泉、白洋湖、福田、粟山、姚家桥、刘家山支部。同时组建了区、乡游击队600多人,暗地制造刀、矛,伺机起义。

1928年2月下旬,贺龙、周逸群等从上海回湘西途经石门南乡,得知正在秘密筹划武装起义消息后,当即在张海涛家召集部分党员开会,指示他们抓紧发动群众,开辟革命根据地。中共湘西特委又派陈昌厚、郭天明到南乡指导工作。2月28日,在福田乡织布工人龚喜生家召开南乡党员代表会议,讨论形势,制订起义计划和措施。

1928年3月下旬,反动派在制造“石中惨案”后又把魔爪伸向石门南乡,大肆捕捉“暴徒”。5月5日,8名警备队士兵带着名单,来到花薮乡寺垭铺捉人。袁任远闻讯,立即召开紧急会议,决定乘机行事,举行起义。因时间紧迫,参加起义的仅10余人。刚要出发,县委书记曾庆萱赶到。晚9时许,曾庆萱、袁任远、佘汉初、陈寿山、陈光钊等带着单刀和宣传品从花薮樟木岗出发,赶到寺垭铺。他们将警备队员的驻处佘家饭店包围后,破门而入,砍倒8名警备队员,取得枪支。寺垭铺首义告捷,为南乡起义燃起了火光。

5月6日,南乡党组织召开会议,总结经验,分析形势,决定举行起义,攻占南乡反革命巢穴夏家巷,摧毁反动机关。起义由县委书记曾庆萱统一指挥,各区、乡游击队配合行动。

5月15日,游击队员周道明潜入夏家巷侦察。曾庆萱、袁任远、佘汉初等在分析周道明情报后认为强攻不可,只能智取,决定乘敌不备,当晚举事。15日黄昏,佘汉初、陈光钊、陈寿山、杨三级等带领游击队员,分两路进入夏家巷,将敌人住所杜家饭店团团包围。一部分埋伏后门,断其后路,一部分从正门杀入。敌人惊慌失措,仓皇逃窜。游击队员用鸟枪打死了恶霸阎谷生,用刀砍死了团总梅春圃、清乡委员陈海秋及两名警备队员和两个团兵,缴获了4支步枪和1支短枪。游击队

2013年维修前的南乡起义烈士纪念碑及台阶　王本平摄

石门南乡起义烈士殉难地——善人坡　王本平摄

占领了夏家巷，夺取了南乡起义的胜利。

南乡起义胜利后，在中共湘西特委、中共石门县委以及南乡党组织的领导下，湘西工农革命军第四支队进一步壮大革命武装，扩大游击区域，恢复和新建农民协会，形成了以太浮山为中心，东到临澧佘市桥，西至桃源界溪河、慈利的老棚和至石门县边境，纵横100余公里的武装割据局面。

国民党湖南省反动当局，面对各地共产党组织日渐恢复发展和农村暴动骤然兴起的形势，惊恐万分，不断扩大“清乡”规模，加剧对革命运动的镇压。湘西被省政府列为全省“清乡”第二区，指定第14军附独立第19师负责“清剿”，陈嘉佑任指挥官。中共湘西特委、中共石门县委和南乡党组织为保卫革命胜利成果，领导湘西工农革命军第四支队和区乡游击队以及根据地人民群众展开了英勇的反

"围剿"斗争。

1928年6月底,清乡第二区指挥部开始发动"围剿"。敌李云杰部、李韫珩部纠集常、桃、临、石、慈等县团防数千人,大举进犯太浮山根据地。7月16日拂晓,敌军数千人扫荡周思庵,"进剿"崇秀寺。17日,慈利、桃源、石门团防纠集500人扫荡刘家山。19日,李韫珩部向太浮山湘西特委赤卫队发起"围剿",太浮山失陷。22日,石、慈、桃三县团防兵分两路,对广福桥进行"围剿"。25日,敌集中兵力"围剿"陈家桥,湘西工农革命军第四支队60多人被困,陈家桥失守。30日,敌人"围剿"周家峪,游击队20多人牺牲,区中队指挥员刘子普等4人落入敌手。国民党反动派制造了令人震惊的"善人坡惨案",游击队员善天次、善天将、善松林等8人被杀。因警卫张金元叛变,共产党员肖先之、第三大队队长张学阶父子、队员张空彦被捕,受尽土匪张登之酷刑后遭砍刀杀害,并被割下首级高悬示众。游击队员闫同阶被绑在树桩上,受"背火篓"酷刑至死;栗山党支部书记宋鹤鸣与贺润植先后被捕,在栗山坡遭枪杀。四支队二中队队长陈光钊手足被团防用四个大铁钉钉在门板上,抬着游夏家巷后惨遭杀害。

2013年修建的南乡起义殉难烈士纪念广场　王本平摄

湘鄂边苏区南乡起义策源地遗址

湘鄂边苏区南乡起义策源地纪念碑　王本摄

湘鄂边苏区南乡起义策源地遗址位于夹山镇官渡桥汉丰村。

1927 年 7 月，中共石门县委委员袁任远在石门六高、临石联立崇秀寺小学以教书为掩护，与中共湘西特委派到石门工作的陈昌厚、郭天明以及从湖南工人讲习所和省党校学习回来的宋鹤鸣、周才桂、贺润之、肖先之等一起开展秘密革命活动，在南乡建立了 3 个区委，由袁任远统一负责。一区含蒙泉、花薮、白洋湖等地，由陈昌厚任区委书记；二区含福田等地，由张三烈任区委书记；三区含二都坪等地，由陈昌厚兼任区委书记。整个南区拥有党员 100 余人。

1927年8月7日，中共中央在汉口召开紧急会议，提出了土地革命和武装反抗国民党反动派的总方针，并把领导农民举行秋收起义作为当前党的主要任务。中共湖南省委根据中央关于两湖暴动的决议提出，湖南暴动以长沙为中心，湘中、湘南、湘西同时发动。要求湘西各县以常德为中心，夺取常德、声援长沙。中共湘西特委遵照中央和省委指示，根据湘西秋收暴动情况和当时形势，拟定了向山区谋发展，以石门、慈利为基础，割据石门，巩固湘西暴动，建立游击武装中心，向外发展的方针。11月，中共湘西特委在常德县草鞋洲召开石、桃、临、澧、慈等县县委书记会议。会议就如何开展武装暴动问题进行研究部署。鉴于石门山高林密，宜于开展游击战争；领导力量强，石门有180余人党的知识分子，在湘西各县实属第一位，且有一支200人、百余支枪的农民自卫军。特委决定"割据石门，巩固湘西暴动"，以配合省委关于"全省暴动，割据湘东"的计划。

中共石门县委书记伍伯显自常德草鞋洲回县后，立即召开县委会议，传达中共湘西特委指示精神，制定了"恢复组织、发展党员、组织群众、准备暴动"的工作方针，决定成立县暴动大队，龙在前被特委任命为县暴动大队队长。并将县委成员派往全县各地指导工作。后因行动暴露，伍伯显、盛联熊被反动县政府驱赶出县城。为保证暴动计划的实现，特委先后指派舒玉林、张仲平担任中共石门县委书记。张仲平到石门后立即召开县委会议，传达特委关于"一般地区只发动群众，恢复组织。基础好的新关、杜家岗、磨岗隘等地则于春节前后举行暴动"的指示。会议决定暴动由县委具体领导，县委委员张仲平、龙在前、曾庆萱、陈奇谟、盛联熊、袁任远分别到新关、新河、磨岗隘、南乡等地负责指挥。从12月30日开始，全县先后开展了新河乡"年关暴动"，新关、南圻"除夕暴动"和磨岗隘"正月暴动"。

国民党石门县政府勾结反动军队猖狂地反扑。国民党四十三军宋团于1928年3月23日至29日到石门，制造了震惊全省的"石中惨案"，"年关暴动"失败。

石门南乡辖磐石、花薮、白洋、蒙泉、福田五乡，东接临澧、南连桃源、西毗慈利，境内有太浮、观国两座大山，其间是丘陵地带，松杉、桐茶满山，地形复杂，宜于开展游击战争，实行武装割据。中共湘西特委和石门县委决定在这里举行暴动。早在发动石门中乡、北乡暴动时，就派县委委员袁任远潜往南乡，作起义准备。袁任远以教书为名，恢复党的组织，先后成立了花薮、磐石、蒙泉、白洋湖、福田、栗山、姚家桥、刘家山等党支部，并在桃源、石门交界处建立了老棚、会同、云头三个党支部。组建了区、乡游击队，约600多人。暗地制造刀、矛，伺机举行起义。

5月初，反动派把魔爪伸向南乡，大肆捕捉“暴徒”。5月5日，8名警备队员带着名单，来到花薮乡的寺垭铺捉人罚款。袁任远闻讯，立即召开紧急会议，决定乘机起义。因时间紧迫，参加起义的仅10余人。刚要出发，县委书记曾庆萱由北乡赶到。晚9时许，袁任远、曾庆萱、佘汉初、陈寿山、陈光钊等从花薮樟木岗出发，

《南乡起义(石门、临澧)烈士名录》碑　王本平摄

半夜赶到寺垭铺。他们将警备队员的驻处佘家饭店包围后,破门而入,砍倒8名警备队员,取得枪支。寺垭铺起义为南乡起义燃起了火光。

6日,南乡党组织召开会议,决定举行南乡起义,摧毁南乡反革命巢穴夏家巷。起义由县委书记曾庆萱统一指挥。

5月15日,游击队派出队员周道明深入敌人住地侦察。曾庆萱、袁任远、佘汉初等根据取得的情报分析,认为强攻不可,只能智取。便决定乘敌不备,当晚举事。是日黄昏,佘汉初、陈光钊、陈寿山、杨三级等带领几十名游击队员,分两路进入夏家巷,将敌人住所杜家饭店团团包围。一部分埋伏后门,以断其后路;一部分从正门杀入,迎头痛击。游击队员用鸟枪打死了恶霸阎谷生,用刀砍死了团总梅春圃、清乡委员陈海秋及两名警备队员和两个团兵,缴获了4支步枪和1支短枪。游击队占领了夏家巷,夺取了南乡起义的胜利。

南乡起义取得初步胜利后,中共湘西特委和石门县委以及南乡党组织为了巩固成果,夺取更大胜利,进一步壮大武装力量,扩大游击战争,恢复和新建农民协会,创建了以太浮山为中心的武装割据局面。起义军占领夏家巷后,5月中旬集结于花薮的樟木岗,正式成立湘西工农革命军第四支队,共50多人,10多条枪,任命佘汉初为司令,袁任远为党代表(后陈昌厚)。支队下设两个中队,第一中队队长蔡风鸣,第二中队队长陈光钊。指挥机关始设樟木岗,后移陈家桥。在福田、白洋、磐石、花薮、蒙泉等地区,另组建游击中队,在慈利、桃源的老棚、会同、云头山也各组织一支游击队,皆统一于第四支队领导。随后,又收编了磐石区侯宗汉和福田区陈国衡两支土著武装。侯宗汉曾当过磐石乡望仙农民协会副会长,有枪50多支,盘踞太浮山。收编后,将原支队改编为第一、第二路军,第一路军由佘汉初任指挥,第二路军由侯宗汉任指挥,老冯任党代表。花薮团防队枪支较多,死硬反共,四支队冒雨黑夜奔袭,夺取了8支步枪。贵州军阀李鑫部队路经南乡,第四支队乘机加强兵运工作,鼓动士兵逃跑,从而收买枪支20多支。湘西工农革命军第四支队日渐壮大，至6月，已发展成为一支拥有900余人枪的武装力量。湘西工农革命军第四支队随着力量的壮大，游击区域也日渐扩大。他们利用常、桃、石、慈、临等县团防队互争地盘、各自保存实力、指挥不统一的弱点，采取集中兵力，各个击破的策略，不断地向敌人发起进攻。

1928年5月25日，第四支队获悉慈利县一都区团防局主任张登之纠集团防兵攻打刘家山，立即集中二区长枪队和刘家山分队，设伏于敌兵必经之地八里坡。当敌人进入伏击圈后，游击队突然从两面出击，敌军遭重创而溃退。后来敌人发现游击队武器不多，力量薄弱，立即发起反扑，冲上山坡。游击队在煤油桶内燃放鞭炮，虚张声势，敌人又以为游击队人多势众，闻风丧胆，拼命逃窜，两名敌兵被击毙。游击队乘势将张登之追逐出游击区。桃源县团防余谦吾带着一队人马进犯陈家桥。第四支队将大部兵力埋伏在狭山口的山林中，小部则布防于相距500米之外的驻马岩。当敌人来到驻马岩后，游击队发起猛烈袭击，敌军乱作一团，回头直往狭山口逃窜。埋伏于狭山口的游击队见敌进入伏击圈，放出檑木、滚石和土炮，敌人死伤甚多，狼狈而逃。

活动在石、慈一带的杂牌军朱华生团进驻石、临边界小镇潘家铺，企图向第四支队进犯。朱华生团系两股土匪纠合而成，有600来人。第四支队利用朱华生团貌合神离、互相猜疑的弱点，分三路行动。一、二路埋伏在镇外要道和后山上，第三路乘夜摸到敌人驻地中间，突然向上、下街的两股敌军猛烈开火。敌军果然被离间，相互火拼。一阵激战后，其中一股向桃源方向退去。游击队突然出击，击毙击伤敌兵数人，缴获枪支10多支。敌军撤退，游击队占领了潘家铺。张学陔率领的直属第四支队的第三游击大队，向广福桥发起3次进攻，重创朱文甫的团防队，杀死李子义等10多个劣绅。

5月底，国民党正规军陈嘉佑部苏子三营300多人，由石门县团防上官肇褒带队，进驻夏家巷。第四支队避其锋芒，游而不击。

6月4日，第四支队乘赶场的机会，大部在外埋伏，小部分为几个小队化装赶场。此时，团防局正大摆宴席，敌士兵大部在河里洗澡。一区中队长肖渊泉以及周超凡、陈昆山等乘敌不备，拔出短枪、短刀，毙杀了几个哨兵，街上顿时大乱，苏子三、上官肇褒、舒集吾慌忙反击，但遭到花山岗游击队伏击，被迫撤至牛角垱。敌见山上红旗招展，疑有众多伏兵，又仓惶后退，溃不成军。至观国山，敌军又被一中队蔡凤鸣的游击队围住，敌不知虚实，落荒而逃。

在第一路军游击南乡的同时，第二路军与徐才益带领的湘西特委赤卫队紧密配合，在太浮山附近的桃源县盘塘桥、陬市，常德县石板滩、雷家铺、长岭岗、蔡家岗，临澧县佘市桥、珠日桥、陈二铺、衍嗣庵等地开展游击斗争。所到之处，袭击乡公所、税务所、警察所，打土豪、杀劣绅、掳富济贫，搅得反动派惶恐不安。在开展游击战争的同时，中共湘西特委及南乡党组织响亮地提出了建立苏维埃政权的口号，先后恢复和新建了21个农民协会。农民协会不仅组织农民打土豪，分浮

《南乡起义（崇秀寺地区革命历史）简介》碑　王本平摄

财，兴办农民学校，而且以屋场、村庄为单位组织赤卫队，保卫村庄，维护游击区的社会秩序，配合游击队袭击敌人；还做团防队员家属的工作，使其倒戈，或参加游击队，或回村务农。

湘西工农革命军第四支队经过一个多月的奋战，形成了一个以太浮山为中心，东至临澧的佘市桥，西至桃源的界溪河、慈利的老棚和五雷山，北抵石门城南10公里的会垭山，南至石门县边境，纵横100余公里的武装割据局面。

国民党湖南省反动当局，面对各地共产党组织日渐恢复发展和农村暴动骤然兴起的形势，惊恐万分，不断扩大“清乡”规模。湘西被省政府列为全省“清乡”第二区，指定第十四军附独立第十九师负责“清剿”，陈嘉佑任指挥官。第二区“清剿”对象除贺龙、周逸群领导的工农革命军第四军外，把太浮山根据地列为重点。中共湘西特委、中共石门县委为了保卫太浮山根据地，领导湘西工农革命军第四支队和根据地人民群众，展开了英勇的反“围剿”斗争。

1928年6月底，敌二区指挥部开始发动“围剿”。教导师李云杰部成光耀第二团、四十五师李韫珩部纠集常、桃、临、石、慈等县团防共数千人，大举进犯太浮山根据地，将其分割成若干小块，白洋湖、夏家巷、潘家铺、望仙树、佘市桥等重要集镇以及交通要道、重要村庄均被抢占，形成大兵压境之势。湘西工农革命军第四支队为保存力量，避敌锋芒，采用深夜出击、分散出击的游击方式，与敌军周旋。7月初，第四支队游击太浮山，将陈嘉佑的一个团击退至临澧殷家溪。5日，第四支队主力与敌成光耀的两个营遭遇，敌强我弱，立即向观国山撤退，但一部在浮海坪被敌人打散，5名战士牺牲。侯宗汉带领第二路军转移到南乡和桃源北部边界，继续战斗。12日一战，观音寺、上午通由敌占领，锅耳潭、两河口被敌堵截，第二路军被迫转战南乡夏家巷，与从观国山返回的第一路军会合，协同作战。转战中，第二路军四十三小队队长舒业时、交通员田玉和、组织委员舒海平牺牲。

7月中旬，敌人展开扫荡战。16日拂晓，敌军裹挟农民近千人，从佘市桥出发，扫荡周思庵，“进剿”崇秀寺。二区区委调集游击队和武装农民1500余人，由贺文成、朱子清、陈寿山、贺洪范、胡会成、李敬亭等指挥，设伏狙击。当敌人进入周思庵，游击队连发数枪，尔后直冲镇内。敌军措手不及，不知虚实，慌忙逃跑。此役共歼敌30多人，砍死土劣1人，游击队仅牺牲1人。下午敌军卷土重来，二区区委书记张三烈、区中队队长肖渊泉立即带领游击队和群众还击，敌人落荒而逃。肖渊泉在追击中腹部中弹，壮烈牺牲。17日，慈利、桃源、石门三县团防纠集500余众扫荡刘家山，烧毁10多户民房，抢走50多头耕牛。19日，敌李韫珩师派一个营会同临澧教导师第三团一部向太浮山湘西特委赤卫队发起“围剿”。为保存实力，赤卫队队长徐才益率数百人、100多支枪移师观国山，与侯宗汉的第二路军会合。

7月下旬以后，工农革命军反“围剿”斗争遭受严重挫折。侯宗汉带领第二路

石门县爱国主义教育基地——临石联立崇秀寺小学遗址 王本平摄

军从观国山退至太浮山后叛变革命，指使第二中队队长侯怀户、小队长陈奎将第二路军党代表老冯枪杀在红岩壁，太浮山被敌人占领。22日，石、慈、桃三县团防兵分两路，对驻广福桥第三大队进行“围剿”，敌人虽被击退，但第三大队损失较大。25日，敌集中兵力“围剿”陈家桥，第四支队60多人被困，两军相持一整天。因寡不敌众，支队突围撤退，陈家桥失守。所剩20多人，化整为零，分散躲入深山，后多数牺牲。四支队主要负责人袁任远、佘汉初、宋修文、陈光钊等在群众掩护下脱离险境。陈太陔、周才桂率领的二区游击队20多人也被围困，后经强攻才突围出来。30日，敌人“围剿”周家峪，游击队百余人迎战。游击队20多人牺牲，区中队指挥员刘子普，共产党员李临川、向松山、宋日新等不幸落入敌手。

8月上旬，敌李云杰部曹团与石、慈、桃三县团防“围剿”慈利亮狮、八方碾等地。游击于这一带的第三大队已分散活动，大队长张学陔染病隐居深山治疗。由于警卫张金元叛变，张学陔与其父遇害。至此，南乡起义失败。

国民党反动派在剿灭工农革命军第四支队后，在南乡疯狂的报复，烧杀抢掳，无所不为。据不完全统计，石门南乡5个乡在半个月内，200多户的2000多间民房被焚烧。陈家桥蔡来臣等10多户80多间、将军山舒质轩等10多户60多间、东泉坡杨义臣等40多户数百间房屋被付之一炬。反动派采取集体屠杀、砍头祭坟、剖腹挖肝等残忍手段，杀死共产党人、革命群众近千人，其中被杀绝者近30户。朱家溶黄土岗几个挑稻种的农民，被敌人不问青红皂白地砍死。就连赶集行商者、算命瞎子也无一幸免。共产党员张洁斋被舒集吾抓住后剖腹挖肝下酒。宋岑楼等在贺氏祖祠一次提了游击队员和无辜群众25人，当场溺死3人，其余解押上县，途经善人坡时将17人枪杀。游击队中队长陈光钊被捕后，敌人用铁丝穿胸肋骨，用铁钉将其手足钉在门板上，抬着在夏家巷游街后被杀害。共产党员付砥如被捕后，身上被尖刀锥了40多个刀眼。宋卓之被捕后，绑在梯上倒插水中淹死。还有的被逼上吊自尽、吞食鸦片而死。据不完全统计，反动军队及土豪劣绅抢走石门南乡群众耕牛800多头，抢走临澧周家峪周紫青等户耕牛53头，抢走慈利广福桥耕牛60多头，抢走稻谷5000多担，抢走光洋、铜元、衣服、布匹、农具、被褥等不计其数。反动派当局还采取向群众敲诈勒索、罚款罚工、田地列为逆产充公等手段对革命进行报复。李敬亭、张三烈、贺洪范等数十户共产党员的田地都被当作逆产而被没收。

南乡起义是在党的“八七”会议精神指引下，中共湘西特委领导，中共石门地方组织具体实施的一次较大规模的地方武装暴动。南乡起义采取先发制人策略，多次挫败反动派的军事“围剿”，打击了敌人，有力支援了湘鄂边革命根据地的建设。南乡起义“震惊省垣”，是石门历史上的重大革命事件，对石门的革命斗争产生了深远的影响。

相关链接：

崇秀寺位于石门县夹山镇汉丰村晓星山（又作小星山）南麓。崇秀寺历史悠久、源远流长。崇秀寺之名，见于清乾隆二十三年（1758）四月，由安福县（今临澧县）正堂张霖、石门县正堂孔毓云共立《奉宪示禁碑》。崇秀寺在安福境，发脉自石门县城清泉寺。《清同治石门县志校注》载“清泉寺，在县城隍庙东，唐时创建。国朝乾隆二十七年（1762），知县任其昌捐俸倡修”。《清同治安福县志校注》“崇孝（秀）寺，在县西五十六里”。1951年，该地区从临澧县划出归石门县管辖。1952年，西周乡修建革命根据地小学，拆崇秀寺在汉阳、西周、新桥三乡的中心点跑马岗建“朱家溶小学”，古崇秀寺遂毁。

袁任远革命活动地临石联立崇秀寺小学遗址

临石联立崇秀寺小学遗址　王本平摄

袁任远在石门南乡的革命活动遗址主要分布在夏家巷、花薮、福田、官渡桥、马得坳、白洋湖、陈家桥、宋家岗、姚家桥、刘家山、夹山、磐石一带。临石联立崇秀寺小学是中共二区区委驻地，也是袁任远组织南乡起义的重要活动地。

1926年冬，中共湖南省委派袁任远到石门工作。袁任远到石门南乡以后，为了建立南乡党的地下活动的据点，为了使外来的地下党员找到正当职业，取得合法身份，以便开展革命活动，并征得佘策源、文毅夫、易恒新、杨树志等党支部书记的同意，与当地地下党员张绍栋、周才桂、张三烈、杨树志等一起，将停办的崇秀寺私塾重新恢复，命名为“临石联立崇秀寺小学”，推朱子注为校长。地下党员杨宗述为专职教员，主持日常工作。袁任远、陈昌厚兼教英文、历史、地理及时事。

袁任远他们将崇秀寺40多亩庙产作为学产田，以所收谷物作为办学经费，对困难学生免费。于是学生猛增到百人以上。教师们一面教书，一面宣传革命。如陈昌厚所教歌曲就有“工农联合起来向前进”“打倒列强除地主”等；袁任远用顺口溜讲述时事：“河南郑州全归我，反动家伙魂胆落”（指北伐）。这些都大大地激发了学生的革命热情，坚定了学生的革命意志。高年级学生徐日新等杀死了反动“治中学社”的头目贺美遐。1928年8月，南乡起义失败，10多位师生牺牲。临石联立崇秀寺小学于1930年停办。临石联立崇秀寺小学作为党组织的活动据点，教育了群众，发展了一批共产党员，发动和指挥了南乡起义，为革命做出了贡献。

相关链接：

袁任远　来源于石门县委党史办资料

袁任远，原名袁明濂，号毓灵，曾用名袁思贤，1898年5月生，慈利县三官寺乡人。1918年8月到长沙入湖南法政专门学校读书，开始接受进步思想。五四运动时参加爱国学生运动。1922年夏毕业，到南洋从事教育和新闻工作，宣传新文化、新思想。先任马来西亚吉隆坡酋孔中学教员，后任仰光缅甸新报馆编辑。

1925年5月回国，8月在长沙加入中国共产党。1926年7月受党组织委派回慈利县开展工农革命运动，任中共慈利县特别支部委员、县委委员。“马日事变”后，被湖南反动当局通缉。1927年7月，受省委派遣到石门工作，任中共石门县委委员、南乡区委书记。

袁任远到石门后，在石门县立第六高等小学校、临石联立崇秀寺小学以教书为掩护，与中共湘西特委派到石门工作的陈昌厚、郭天明以及从湖南工人讲习所和在省党校学习回乡的宋鹤鸣、周才桂、贺润之、肖先之等一起开展秘密革命活动。经过半年多的串联发动。南乡的党组织得到了较快发展，党员达100余人。先后恢复和发展了花薮、马得坳、白洋湖、陈家桥、福田、宋家岗、姚家桥、刘家山、夹山、县立六高小学、磐石等党支部。为南乡起义打下了组织基础，培养了领导骨干。

1928年2月下旬，中共湘西北特委委员贺龙、周逸群从上海回桑植途经石门南乡时，召集部分党员在张海涛(1928年4月至5月曾任中共石门县委代理书记)家开会，指示发动群众，开辟根据地。

中共湘西特委为了尽快发动起义，又派陈昌厚、郭天明到石门南乡指导工作。2月28日，南乡党员代表会议在崇秀寺后山龚家湾龚喜生家召开。中共湘西特委陈昌厚、郭天明，中共石门县委书记张仲平、委员袁任远，临澧党团支部书记汪毅夫以及佘策源(佘汉初)、宋鹤鸣、周才桂、肖渊泉、张三烈等10多人参加。会议决定:(一)进一步发动群众，组织群众，最大限度地吸收群众参加到农民协会、妇女会等革命组织中来。(二)建立区(乡)暴动队和游击队，待条件成熟后建立湘西工农革命军第四支队。(三)加强党的领导，建立党的各级组织，共建3个区委，由县委委员袁任远统一领导。(四)在革命队伍建立起来后，立即选择几处有影响的乡镇举行起义，开创革命根据地，实行武装割据。

袁任远是南乡起义的主要领导人之一，他先后经历新河乡“年关暴动”、新关和南圻“除夕暴动”、磨岗隘“正月暴动”等阶段。“年关暴动”遭到敌人严酷镇压，制造了震惊全省的“石中惨案”。“石中惨案”后，又把魔爪伸向南乡，大肆捕捉“暴徒”。1928年5月5日，8名警备队员带着名单，来到寺垭铺捉人罚款。袁任远闻讯，立即召开紧急会议，决定举行起义。晚9时许，曾庆萱、袁任远、佘汉初、陈寿山、陈光钊等人带着单刀和宣传品从樟木岗出发，半夜赶到寺垭铺。他们将警备队员的住处佘家饭店包围后，破门而入，砍倒8名警备队员，夺得枪支。寺垭铺起义，打响了南乡起义第一枪。

1928年5月6日，中共石门县委召开会议，决定举行南乡起义，摧毁南乡反革命巢穴夏家巷。起义队伍由县委书记曾庆萱统一指挥。

5月15日，曾庆萱、袁任远、佘汉初等根据情报，决定当晚举事。15日黄昏，佘汉初、陈光钊、陈寿山、杨三级等带领几十名游击队员，分两路进入夏家巷，将敌人住所杜家饭店团团包围。在战斗中，打死了恶霸阎谷生，砍死了团总梅春圃、清乡委员陈海秋及两名警备队员和两个团兵，缴获了4支步枪和1支短枪，游击队占领了夏家巷，南乡起义取得了胜利。

5月中旬，起义军集结于樟木岗，正式组建湘西工农革命军第四支队。支队约50多人，10多条枪。佘汉初为司令，袁任远为党代表(后为陈昌厚)。在福田、白洋、磐石、花薮、蒙泉等地区组建游击中队。至6月，第四支队已发展成为一支拥有900余人枪的武装力量。

7月中旬，敌人展开扫荡战。16日拂晓，敌军裹挟农民近千人，从佘市桥出发，扫

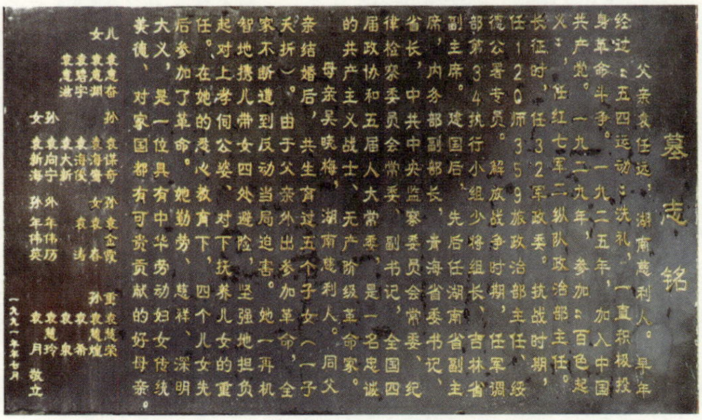

位于慈利县三官寺乡的袁任远、吴晓梅夫妇合葬墓及墓志铭　张吉全摄

荡周思庵,“进剿”二区区委所在地崇秀寺。二区区委调集游击队和武装农民1500余人,由贺文成、朱子清、陈寿山、贺洪范、胡会成、李敬亭等指挥,设伏狙击。当敌人进入周思庵,游击队连发数枪,尔后直冲镇内,敌军措手不及,不知虚实,慌忙逃跑。此役歼敌30多人,游击队仅牺牲1人。下午,敌军卷土重来,二区区委书记张三烈、区中队队长肖渊泉带领游击队还击,敌军落荒而逃。中队长肖渊泉在追击中腹部中弹,壮烈牺牲。

7月下旬以后,第四支队反“围剿”斗争遭受严重挫折。25日,敌集中兵力“围剿”第四支队指挥部驻地陈家桥,两军相持一整天。寡不敌众,支队突围撤退,陈家桥失守。袁任远、佘策源和宋修文、陈光钊等在群众掩护下脱离险境。陈太陔、周才桂率领的二区游击队20多人也被围困,后经强攻才突围出来。30日,敌人“围剿”周家峪,游击队百余人迎战。经两小时激战,游击队20多人牺牲,区中队指挥员刘子普,共产党员李临川、向松山、宋日新等落入敌手。8月上旬,南乡起义失败。

南乡起义失败后,袁任远赴上海中央机关工作,后参加百色起义。

1986年1月2日,袁任远病逝北京,享年88岁。

宋人杰烈士墓

宋人杰烈士墓位于石门县夹山镇官渡社区居委会长岭岗(宋家塝)。

宋人杰(1901—1928),石门县夹山镇人。先后在石门县第二高等小学、石门县立中学就读。1923 年考入国立武汉大学。1925 年加入中国共产党。1926 年秋,宋人杰受组织派遣,到石门县立初级中学校任教,以教书为名,秘密从事革命活动。1926 年 12 月至 1927 年夏,任中共夏家巷支部书记。1928 年 3 月 23 日被李鑫四十三军雷世光师宋团抓捕,经受住了敌人的严刑拷打和审讯,29 日被杀害于县城上河街尼姑滩,时年 27 岁。

1951 年,湖南省人民政府追认宋人杰为革命烈士。

宋人杰烈士墓　张吉全摄

秀坪园艺场

吴志鸿烈士墓

吴志鸿烈士墓　张吉全摄

吴志鸿烈士墓位于秀坪园艺场鳝鱼村。

吴志鸿(1933-1949),又名吴志洪,谱名吴先良(梁),石门县秀坪园艺场鳝鱼村人。

石门县城解放后,西北乡仍为国民党十五军盘踞。在其支持下,窜逃到西北乡山区的石门县长陈聪谟和保安团长向应东等纠集土匪2000多人,在所街拼凑

“湘鄂边石门、澧县、临澧三县指挥部”负隅顽抗。南乡有国民党军暂一师田载龙部和侯宗汉股匪500多人隐蔽活动。1949年11月上旬，以田载龙、侯宗汉、陈拔萃为首的土匪、特务，成立“反共救国军湘鄂总司令部”，叫嚣“先打夏家巷，再袭白洋湖，攻克县城过春节”。侯宗汉匪部于17日公开暴乱，偷袭石门县第一区区政府和水制仓库，杀死区长梁维汉、水制仓库主任王兰亭等7名干部。同日，吴志鸿被土匪杀害于望仙村，年仅17岁。

吴志鸿烈士小弟吴建民（右）指认吴志鸿烈士墓后留影　张吉全摄

蒙 泉 镇

湘西工农革命军第四支队成立地遗址

湘西工农革命军第四支队成立地樟木岗遗址　张吉全摄

湘西工农革命军第四支队成立地遗址位于蒙泉镇花薮中午通村樟木岗。

1927年“四一二”反革命政变后，石门相继发生“沁日事变”“石中惨案”，形势急转直下，但革命斗争没有停息。在中共湖南省委、湘西特委领导下，中共石门县地方组织隐秘发展党员，组织民众，开展活动，策划武装起义。

1928年5月，反动当局在石门南乡(磐石、花薮、白洋、蒙泉、福田)大肆抓捕年关暴动“暴徒”(共产党人)。5月5日，县委委员袁任远(老满)得知警备队到花薮乡公所寺垭铺捉人罚款，立即开会决定起义。当天半夜，县委书记曾庆萱率袁任远、余汉初(佘策源,花薮支部书记)、陈寿山、陈光钊等十余人从樟木岗出发赶到寺垭铺,将警备队住处佘家饭店包围后破门而入,砍倒8名警备队员,夺得枪支,打响了南乡武装斗争第一枪。

为巩固和扩大暴动成果,5月6日县委决定举行南乡起义,由曾庆萱统一指挥,捣毁反动巢穴夏家巷。5月15日,余汉初等率几十名游击队员,杀死团总梅春

樟木岗佘姓村民自发竖立的《樟木岗农民武装起义》及《樟木岗记》碑　张吉全摄

圃、清乡委员陈海秋等，占领了南乡反动武装和政治中心——夏家巷，起义取得胜利。

根据 1928 年 2 月 28 日南乡党员代表会议决议精神，起义队伍集结樟木岗，成立湘西工农革命军第四支队，佘汉初任司令，袁任远任党代表(后为陈昌厚)，指挥机关设在樟木岗(后移至陈家桥)。支队共 50 多人，十余条枪，编成第一、二中队(中队长分别为蔡凤鸣、陈光钊)。

到 1928 年 6 月底，第四支队发展到 900 余人枪，形成了以太浮山为中心，东至临澧余市桥，西至桃源界溪河、慈利老棚和五雷山，北抵石门城南会垭山，南至石门边境，纵横 100 余公里的根据地，1928 年 8 月，因敌我力量悬殊，南乡起义失败。

南乡起义“震惊省垣”，是石门历史上的一次重大革命事件，对石门苏区的创建和发展产生了深远影响。

湘西工农革命军第四支队诞生地碑　陈朝栋摄

南乡起义战斗遗址

南乡起义战斗遗址——寺垭铺　张吉全摄

1928年5月5日,8名警备队员窜到花薮寺垭铺，搜捕地下共产党人和革命分子。袁任远等闻讯后,趁机行动,于晚上9时,由中共石门县委书记曾庆萱和县委委员袁任远带领精干小分队,从花薮樟木岗出发,半夜赶到寺垭铺,将警备队兵住处佘家饭店包围,破门而入,把8名警备队兵砍倒,缴获全部武器,并在镇上张贴标语,号召贫苦民众起来闹革命。

1928年5月20日,陈嘉佑部苏子三营300余人,由石门县团防队上官肇包带队进驻夏家巷。6月4日,第四支队为突袭苏营,以一、二中队的大部,由队长蔡风鸣和陈光钊率领,分别埋伏在夏家巷的观国山南麓和西北的牛角垱山上,遍插红旗,备好爆竹和烟火,虚阵以待。另以福田乡中队长肖渊泉和指导员刘子普率部担任主攻，直捣苏营。同时四支队还组织500余群众，手持刀、矛，协助作战。是日，夏家巷逢集，各分队化装进入战斗岗位。肖渊泉率一部队员扮作赶集的群众混入闹市，来到团防局门口，见团防局正摆宴席，闹成一团，苏营大部分士兵正在河里洗澡洗衣服。肖渊泉趁机砍倒哨兵，冲进团防局。苏营乱作一团，向花山岗逃窜，被四支队一阵猛击，惊慌失措，又窜到牛角垱。此刻，伏兵点燃爆竹，苏营以为追兵又至，争向观国山逃命。四支队和武装的群众从四面八方包抄过去，上官肇包和苏子三不知虚实，向尖刀嘴舍命而逃。

接着，第二区"清剿"指挥部调李云杰教导师3个团和杂牌军朱华生团，在各县团防队配合下，分路进入南乡，占领夏家巷、白洋湖、潘家铺、望仙树、佘市桥和一些重要村镇，对南乡形成四面包围，并分割成许多小块。四支队为了粉碎围剿，决定先打战斗力较弱的杂牌军和团防队。驻扎在潘家铺的朱华生团五六百人，原

南乡起义战斗遗址——潘家铺　张吉全摄

由两股土匪合编，一股驻上街，一股驻下街，彼此都存戒心。第四支队利用这个矛盾，分路进击；一路乘黑夜埋伏街外要道上和街后山坡上；另一路从潘家铺摸到上、下街中间，同时向两街猛烈射击。朱团两股均以为是对方攻击，于是互相开火，死伤10余人。次日拂晓，朱华生团全部撤离。

7月16日拂晓，石门白洋湖团总田超群纠合临澧县团防队长汪耀庭、朱南康，带领官兵百余人，裹胁农民近千人，从佘市桥出发，扫荡周思庵，进击中共石门县二区区委所在地崇秀寺。二区区委调集四支队和农民武装1500余人，由区委负责人朱子注、贺洪范、胡会成、李敬亭指挥，设伏阻击。8时许，当团防队不知虚实，慌忙乱窜，在会窝遭梭标队阻击，经过一个多小时的战斗，歼敌30余人。随后，国民党十四军教导师李云杰率5000余人，会合常、桃、临、石、慈等县团防武装数千人，合计万余，大举进攻石门南乡。17日，石门团防舒集吾等纠合500余人，窜到刘家山袭击四支队张学陔大队，被张部击退。19日，李韫珩部会合驻临澧的教导师第三团一部，进攻太浮山。四支队二路指挥侯宗汉见形势对自己不利，遂起异心，叛变革命，密派二中队长侯怀户、小队长陈奎，在红岩壁将二路党代表冯均杀害，太浮山被国民党军占领。

22日，石、慈、桃3县团防分两路进击慈利县广福桥，四支队三大队70人与敌激战一整天，因寡不敌众，伤亡甚重。剩下20余人突出重围，化整为零，躲入深山。此时，团防队步步进逼，四支队负责人袁任远、佘汉初、佘修文、陈

南乡起义战斗遗址——夏家巷旧貌　来源于石门县委党史办资料

光钊、舒小凡、蔡凤鸣等，率部沿袁家岗、保宁桥方向突围。舒小凡、蔡凤鸣等10余人牺牲。刘子普、李临川等共产党员被捕。

南乡起义失败后，国民党反动派对南乡进行疯狂反扑，先后有200多户2000多间房屋被烧毁，700多人惨遭杀害。在周家峪、善人坡一次集体屠杀游击队员25人。舒集吾将官渡乡共产党员张洁斋逮逋，剖开肚子，肠胃抛入河里，割下心肝饮酒。接着又在慈利亮师、八方碾杀害游击队员30余人。中队长陈光钊被捕后，手足被团防用四颗大钉钉在门板上，抬着游夏家巷后杀害。

石门南乡暴动虽然最终失败，但扩大了共产党在群众中的影响，锻炼了群众，培养了干部。袁任远转赴上海，参加党中央机关工作，后赴广西参加百色起义；陈昌厚率20余人到临澧鳌山、朱日桥、柏枝台一带打游击，后参加贺龙领导的红四军；郭天明、曾庆萱转战石门北乡，与原在北乡坚持工作的伍伯显、盛联熊、陈奇漠、温练之等一起，在贺龙领导下，开展武装斗争。

湘西工农革命军第四支队司令部驻地遗址——陈家桥　张吉全摄

太浮山匪变殉难烈士纪念碑(石门南乡革命烈士纪念园)

太浮山匪变殉难烈士纪念碑(石门南乡革命烈士纪念园)位于蒙泉镇夏家巷居委会3组。

太浮山匪变殉难烈士纪念碑由中共石门县委于1950年11月15日投资修建,常德专署土地改革委员会主任委员王祝光,副主任委员、石门县政府县长康日新为牺牲烈士撰写碑文。碑名为"公元一九四九年九月二十七日(农历)太浮山匪变殉难烈士碑"。

2008年4月,由孟进友等人发起在原一区区政府所在地(杜家饭店)重修,并增加史墙。史墙由"前言、建立党组织、成立农民协会、南乡起义、迎接解放、南乡剿匪"等部分组成,碑园建筑面积约40平方米,保护范围200平方米。

2008年重立的太浮山匪变殉难烈士纪念碑(石门南乡革命烈士纪念园) 王本平摄

1984年5月,太浮山匪变殉难烈士纪念碑被石门县人民政府公布为县级重

1950 年修建的太浮山匪变殉难烈士碑　来源于县委党史办资料

点文物保护单位。2013 年 5 月 7 日，石门南乡革命烈士纪念园被常德市人民政府公布为市级文物保护单位。

1949 年石门县解放前，石门 21 个乡镇的地方政权，基本上由"南天王"侯宗汉、"北天王"向应东、"西天王"陈金次把持，他们割地称霸，勾结官、绅、军、警、特、匪，狼狈为奸。国民党宋希濂部收编湘西土匪时，将石门土匪编入暂一师，田载龙为师长，陈绍南为一旅旅长，陈襄谟为独二旅旅长，侯宗汉、陈家武、周济民为团长。国民党石门县长陈聪谟、县党部书记覃正铭也带领党政要员及其反动武装 200 余人枪，逃到石门西北山区。石门县城解放后，还有三分之二的地区，仍在国民党十五军和反动地方政府的掌控之中。盘踞在这一带的敌人有 3500 余人，拥有长枪 2000 余支，短枪 200 余支，重机枪 6 挺，轻机枪 40 多挺，迫击炮 4 门，冲锋卡宾枪 10 多支，无线电台 1 部。

石门南乡的匪情十分严重。1949 年 7 月，常德各县先后解放。8 月初，宋希濂收编的暂四师、暂五师被解放军打垮。暂一师师长田载龙见势不妙，连忙将司令部从常德转移到桃源盘塘桥，迅即召集匪首开会，采取化整为零、分散活动的办法。8 月 2 日，田载龙带领一帮心腹潜入慈（利）石（门）交界处蒙泉三王峪秦阁寨，坐观时局，伺机行动。所谓石门"南天王"侯宗汉，由复兴社特务头子汪玉堂引荐，参拜了上司田载龙,策划下山纠集残匪,准备东山再起。

10月中旬,进军大西南的解放军在石门过境完毕,掩护大军过境的四十七军十一师调离石门向大庸进军。一时,石门兵力空虚。田载龙以为时机已到,即令随从田美定通知陈拔萃、高冠三、高冠瀛上山策划。10月15日,田载龙将原暂一师番号改为“川湘鄂边区反共救国同盟军湘西游击纵队司令部”,田载龙自任司令,朱际凯为副司令,高冠三为参谋长,陈拔翠为政工处处长。司令部下设3个游击司令,5个游击支队。石门陈绍南被任命为游击司令,侯宗汉为副司令。政工处处长陈拔萃直接掌握常德地区潜伏特务80多人。决定:一,趁共产党政权未稳之机,纠合旧部,避实就虚,上山游击;二,分头行动:2支队留秦阁寨随司令部行动,3支队下山暴乱;三,由侯宗汉等纠集匪徒成立暗杀队阻扰征粮、杀害干部;四,划

石门南乡革命烈士纪念园 王本平摄

石门县青少年德育基地——石门南乡革命烈士纪念园　王本平摄

分地域，暗设情报网，打入人民政权内部。

10月26日，侯宗汉指使蒙泉乡乡长阎望九、情报队队长申玉华开会商讨暗杀石门一区区长梁维汉的计划。11月9日，土匪支队长高冠瀛30多人深夜闯入盘塘桥和朱家巷，杀死包括2名国家干部在内的5人。11月14日，土匪队长董良臣潜入花薮，谋杀一区副政委郭洪建未遂，在寺垭铺杀害2名过路解放军战士。同日，土匪侯延九、侯吉良、侯方瑞枪杀人民政府工作人员吴志鸿。是夜，侯超文、高冠瀛两股土匪50余人枪，攻打石门一区中队营地侯家大屋。11月17日清晨，田载龙、侯宗汉、侯超文等利用蒙泉墟场，指派土匪上百人窜进设在夏家巷的一区政府。区长梁维汉正在洗漱，被匪徒枪杀，年仅32岁。同时还有4位干部牺牲。匪徒血洗一区政府后，又窜至蒙泉水制粮食仓库，打死仓库主任王兰亭。

相关连接:

太浮山主峰　王本平摄

太浮山，又名独浮山，亦名彰龙山，相传汉代浮邱子在此修行得道而闻名于世，故改名叫太浮山。位于临澧县城西南12公里、石门县城东南约40公里处，绵亘于石门、临澧、桃源、鼎城四县交接部，有“鸡鸣四县”之说。太浮山东西绵延20余公里长，南北展布8.5公里宽，面积4300公顷，主峰第一峰，谓之太浮金顶，海拔605.5米。太浮山山体为扇形，地势奇特，有99岭、33岔，系沅澧之名山。

1949年8月至12月，中共石门县委组织全县人民在中国人民解放军四八O团、四七九团和县武装大队的大力配合下，消灭了盘踞在西北乡的土匪主力和南乡部分股匪，取得了剿匪战役的阶段性胜利。漏网残匪纷纷逃往石门边境地区的深山老林，不敢露头。为了巩固剿匪成果，加强对解放新区的领导，县委随即在全县建立8个区委及区政府，领导全县人民开展了一场深入持久的清匪反霸斗争。

截至1949年12月，全县尚有股匪12股，其中10人以下1股、50人以下2股、100人以下8股、500人以下1股，总人数达2100余人,匪首15人。拥有长短枪1525支、机枪38挺、冲锋枪4支。此外，还有残匪、地痞恶霸近千人。他们夜聚日散，出没无常，制造、散布政治谣言，抢劫财物，杀人放火，无恶不作。更有甚者，串联残兵败将，组织武装暴动，妄图摧毁新生政权。为此，县委继续贯彻“政治争取为主，军事打击为辅”的剿匪战略和“先大后小，先远后近”的剿匪方针，在县剿

湘鄂西苏区太浮山武装斗争纪念碑　王本平摄

匪指挥部的具体领导下，全面部署清匪反霸工作。

1950 年 1 月，政治土匪田载龙拼凑的“中国人民反共救国军”被中国人民解放军彻底摧垮，四个纵队有三个全军覆灭，唯有第四纵队司令侯宗汉（石门“南天王”）部遭受打击后，分股流窜太浮山。国民党特务枚子龙（蒙泉广寿村人）持军统特务头目向军次的密信和证件，从桂林潜回石门南乡联络侯宗汉，传达向军次旨意。侯如获至宝，纠集邻近各县匪首成立“太浮山清剿指挥部”，自封清剿指挥官，下设两个纵队、若干中队及分队。组建乡、保、甲反动政权机构，在石门范围内发展土匪官兵 480 余人，其中情报人员 167 人。印刷、散发《太阳报》，制造“三次世界大战即将爆发”“台湾蒋介石即将反攻大陆”等谣言，鼓吹“向军次部队即将来石门支援”等。公布“十杀令”：见解放军不报者杀；杀人（指土匪）后传出消息者杀;杀人后不掩埋尸体者杀:和人民政府接近者杀;向人民政府交公粮者杀;解放军驻家不报者杀;解放军驻附近不报、帮其军队打击者杀;给解放军带路者杀;不放哨者杀;不提供情报者杀。侯宗汉指令土匪“宁可错杀一百,不可放走一个”。他们采用枪杀、勒死、以石击头、锄头打死、活埋等残暴手段,屠杀解放军、地方干部、平民百姓、过路商人及乞丐400余人,气焰十分嚣张。

1950年3月,常德军分区剿匪指挥部开始调集兵力,由解放军四一四团、四七九团各派两个营,四八〇团一部分,外加石门、临澧两县的县大队以及边境5个县区30多名地方干部,组成剿匪主力,重点围剿太浮山区股匪。侯宗汉为对抗解放军进剿,在其匪乡十个保内遍布情报网,除原有情报系统外,保设情报组,片设联络站,甲设联络员,户搞五家联,强迫良民从匪。土匪参谋长侯超文率200余人,长短枪百余支,轻机枪1挺,冲锋枪6支,流窜太浮山和桃源一带。侯宗汉自带一小股土匪躲进五雷山脉的锦家大山和老棚一带,逃避大军进剿。

针对土匪分布现状,军分区剿匪指挥部采用三种战术进行围剿。一是拉网战术,清除土匪的乡保基地。由地方干部当向导,带领部队战士逐家挨户将成年男子网到一团,宣传政策,划清界线。发动群众逐个认领,然后将网住的千名形迹可疑者集中进行政治审查,查出200余名匪犯,成立解放团进行教育,60余名重大匪犯,押送剿匪司令部关押审查。二是麻雀战术。将部队化大为小,进驻要地,与民兵一道设卡、搜山、围捕,遍地皆兵,土匪无处藏身。侯宗汉如惊弓之鸟,先躲进慈利老棚,解放军搜山至此,旋即

《祭湘鄂西苏区太浮山武装斗争烈士文》碑　王本平摄

逃往花薮陈家峪，继而又窜至鸡公山、云台山、桃源合合山、朱家巷一带。3月23日，被迫逃回老窝太浮山。县委土改工作组和征粮工作队广泛发动群众，成立农会协助清匪反霸，设立投诚自首登记站，组织银行行长彭诚、县政府秘书汪玉振等投诚人士配合工作，宣传党的“首恶必办，胁从不究，缴枪不杀，立功受奖”政策，发动匪属敦促投降。三是重兵攻击战术。4月初，剿匪指挥部调集两个营、两个县大队共15个连的兵力，包围太浮山，步步紧缩。4日，由两个营向土匪中心据点进剿，将土匪建制打乱，土匪分股逃窜。在潘家铺、孙家嘴、上午通、夏家巷等地召开宣判大会，宽严典型兑现，当众处决了土匪恶霸国民党乡长闫鼎九、匪大队长文吉祥等首恶分子。山上土匪走投无路，政治处处长祝英举手投降，大队长黄鳌束手被擒，土匪司令部仅剩50来人，在太浮山前黑沙溪又遇区中队搜山围剿，侯宗汉吓得魂不附体，丢掉鸦片枪，背上光洋，仓惶逃命。侯宗汉等十余匪徒逃至浮山寺一带，又被解放军层层围住，不得不钻进自家屋后的仙人洞、螃蟹洞藏身。派保长侯令和下山取粮，被解放军活捉。又派随从副官刘润出洞，刘见大势已去，趁机下山投降。侯宗汉陷入众叛亲离、弹尽粮绝的境地，遂于4月5日深夜在望仙树接受投降。次日清晨，余匪文振右、田炎堂、侯方瑞、侯跃进、马元寿、张汉卿、彭海堂等8名土匪头目下山投降，交出手枪7支。消息传出后，当地群众奔走相告，燃放鞭炮，以示庆祝，杀猪宰羊，慰问子弟兵。历经50多天的太浮山剿匪，共剿灭土匪1500余人。缴获大批枪支弹药。4月14日，常德军分区军法处在石门县城蒋家洲处决了侯宗汉等匪首。至此，石门南区股匪基本肃清，群众安居乐业，征粮、土改等中心工作顺利展开。

《太浮山武装斗争史》碑　王本平摄

蔡晴川烈士纪念碑

蔡晴川烈士纪念碑位于蒙泉观国山两河村。

蔡晴川(1903—1927),又名蔡代柳,字涔泉,生于1903年,石门县蒙泉镇两河口村人，石门县立高小毕业,1925年初到广州，考入黄埔军校第三期步科学习，加入中国共产党。毕业后入大元帅铁甲车队任第三连副连长,参加北伐战争,任国民革命军第四军叶挺独立团排长、连长,1927年8月1日，参加南昌起义，任第十一军第二十师第七十三团代理团长。

蔡晴川烈士纪念碑　王本平摄

1927年8月3日,2万余人的起义部队按计划撤出南昌南下广东创建革命根据地。9月20日,起义军进入大埔县(茶阳)兵分两路:周恩来、贺龙、叶挺、刘伯承等率领主力直奔潮汕;朱德率领第十一军二十五师和第九军直属教导团共约4000多人则留守大埔三河坝阻击敌人。10月1日,国民党钱大钧部3个师约2万余人,由梅县松口乘船沿江而下,气势汹汹地扑向三河坝。起义军在朱德副军长和二十五师师长周士第、党代表李硕勋等指挥下,利用笔枝尾山的天险,以及“半渡而击”的作战策略，以少胜多，激战三天两夜，坚守住阵地。3日下午，面对敌人援兵不断、起义部队伤亡较大的情况，朱德运用“次第掩护，逐步撤退”战术，让二十五师第七十五团第三营留守笔枝尾山，掩护部队转移。10月4日凌晨，营长蔡晴川率领第三营在笔枝尾山上展开了最惨烈的一战，子弹打光了就跟敌人展开肉搏战，全营200多名官兵壮烈牺牲在笔枝尾山阵地上。蔡晴川牺牲时年仅24岁。

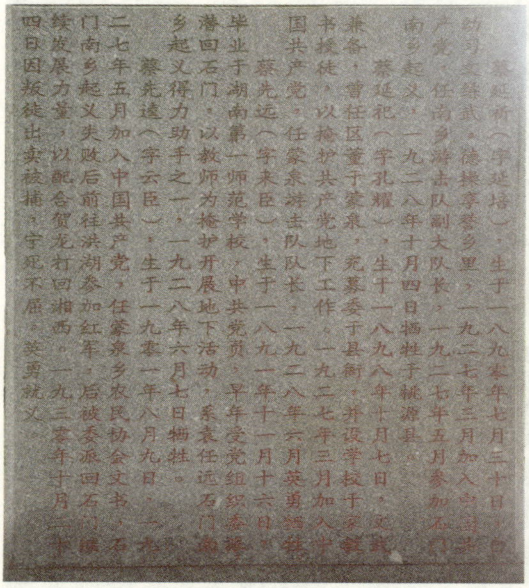
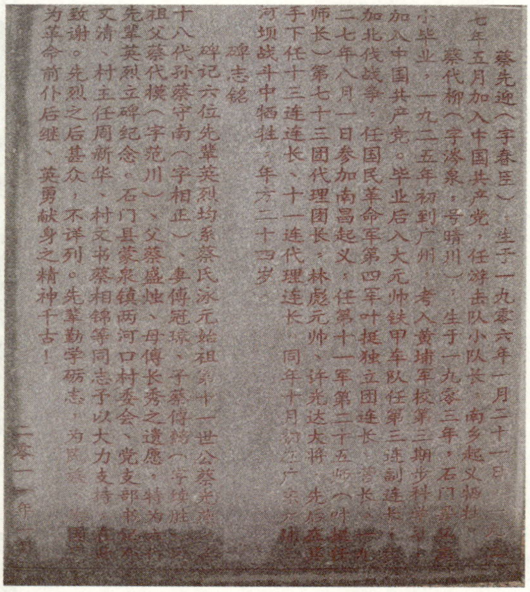

蔡晴川烈士纪念碑碑文　王本平摄

相关链接：

三河坝，位于广东大埔西部，因梅江、梅谭河、汀江三河在此交汇而得名，是韩江的起点。明朝设置“三河镇”。三河坝战役，发生在1927年10月。南昌起义失败后，起义军主力南下广东，欲进入由彭湃开创的海陆丰苏区。在三河坝受国民党钱大钧部2万余人隔河围攻。朱德率4000余勇士掩护主力撤退。浴血奋战3昼夜，弹少援绝，主动撤退，进入福建，辗转进入江西，于1928年4月在井冈山与毛泽东秋收起义部队会师。

陈光钊烈士墓

陈光钊烈士墓位于蒙泉镇夏家巷李尔村罗家岗山嘴上。

陈光钊烈士墓用岩石垒成，墓碑上半截中间刻有“革命烈士陈光钊同志之墓”11个竖行阴形大字。两边对称地刻着“生的伟大，死的光荣”。上刻“精神不死”。下刻碑文：“陈光钊同志生于1898年。目睹伪政腐败，外帝猖獗，民不聊生。他为了中华民族的兴盛，人民的解放，高举革命的大旗，组织革命群众英勇地进行革命斗争，1928年秋不幸壮烈牺牲于夏家巷。”2016年1月被石门县政府公布为第五批文物保护单位。

陈光钊烈士墓碑　王本平摄

陈光钊（1898—1928），又名陈友源，1898年农历三月初五出生于蒙泉镇夏家巷李尔村一个富裕家庭。

1927年春，石门县农民运动如火如荼。陈光钊与张洁斋、舒小凡、蔡凤鸣、蔡来臣、舒巨凡、傅砥如等，积极串联发动群众，于农历二月初八在夏家巷成立农民协会。在成立大会上，他向与会的父老乡亲们进行了生动的演说，激励劳苦大众起来造反，打倒土豪劣绅，当家做主人；鼓励农会会员们勇敢战斗。全体农协会员在陈光钊等农会干部的率领下，手拿柴刀，肩扛锄头或尖担，挥舞着耙头、大刀、长矛、齐眉棍、连枷棒、鸟枪，潮水般地涌进蒙泉区团总舒集吾的院子，拖出舒集吾，戴上高帽，绑押游乡，分掉了舒集吾家的粮食和部分财物。接着又斗争了白洋的康道增、狮象的舒光乔等土豪。

1928年农历三月，县征收暴徒捐委员陈海秋坐镇蒙泉，区团总舒集吾、乡团总梅春圃等催逼捐款。农历三月初十，他们到陈光钊家，捉人罚款。陈光钊不在家，他们硬逼着陈光钊妻子交出了400块光洋。三月十三，陈光钊悄悄回到家里，听妻子诉说后，怒不可遏，发誓要报仇雪恨。他当晚找到了中共石门县委委员“老满”(即袁任远)，把逼捐的情况作了汇报。三月十四，在白洋湖六高小的一个隐蔽

陈光钊烈士墓　王本平摄

的小房间里，袁任远召集蒙泉乡的几个骨干分子开会，传达县委指示，并根据陈光钊等4人的申请和表现，吸收陈光钊、蔡凤鸣、舒小凡、张杰斋为中共正式党员。

农历三月十六晚，陈光钊和蔡凤鸣接到通知，参加“老满”领导的9人暴动队。他们9人从樟木岗出发，半夜时分赶到寺垭铺，包围了佘家饭店，破门而入，将“清乡”的8个警备队员砍死。随后，他们在寺垭铺镇上张贴布告和标语，轰动了整个南乡，树起了南乡武装起义的旗帜。

寺垭销暴动后的第3天晚上，陈光钊和蒙泉乡的几个主要骨干，又积极组织群众参加了由县委书记曾庆萱指挥的打蒙泉团防局的武装暴动。这支暴动队共20人，除陈光钊有支手枪外，其余皆是刀矛。陈光钊把手枪让给曾庆萱，自己手握大刀，乘敌不备，砍倒了团防局的哨兵。其他暴动队员一拥而入，猛砍猛杀，杀死了团总梅春圃、征收暴徒捐委员陈海秋、恶霸阎谷生等人，缴获步枪4支。

随着武装斗争局面的打开，中共石门县委和南乡党组织决定建立“湘西工农革命军第四支队”。佘策源为司令，袁任远为党代表(后为陈昌厚)，下设两个中队，第一中队队长蔡凤鸣，第二中队队长陈光钊。湘西工农革命军第四支队成立后，一方面对团防队士兵积极策反，削弱团防队势力；另一方面积极收买枪支，组织武装群众，壮大力量，实行武装割据。第一中队由蔡凤鸣带领进驻太浮山区，与侯宗汉部合作。第二中队由陈光钊负责指挥，主要是对付前来围剿根据地的桃源佘谦吾团防队和夏家巷舒集吾团防队。陈光钊带队打垮了桃源团防队，大大震惊了反动派。省府除调杂牌军外，还增调正规军3000多人，分数路进攻陈家桥围剿工农革命军。农历六月初九，敌人集中兵力攻打陈家桥。战斗相持了一天，工农革命军虽然击毙了不少敌人，但终因寡不敌众，陈家桥失守。部队转移到袁家岗时，只剩下20多人枪了。面对敌人的包围，部队只好化整为零躲进山中。陈光钊和小队长舒小凡、战士蔡凤耀顺袁家岗往白洋保宁桥方向突围，只跑到长岭岗，被敌人发觉。舒、蔡被敌击中，壮烈牺牲。陈光钊继续突围，于农历六月十二终于逃脱了虎口。

陈光钊突围后，先到湖北洪湖去投奔贺龙领导的红军，后又回到蒙泉，计划找机会拉队伍再干。农历七月初六晚上，他悄悄躲到保宁桥的亲戚舒德栋家里。七月初九，舒德栋好心想去告诉陈光钊的家属，以便更好地保护他。正当舒出门时，舒的叔岳父彭金堂发现了陈光钊。七月初十，彭金堂到夏家巷赶集，在酒馆和团防舒积方一块喝酒，在闲谈中说出了陈光钊的下落。狡猾阴险的舒积方立即叫来两个团丁，把彭带到团防局软硬兼施整了一顿，彭无奈照实招认。舒集吾如获至宝，于七月十一深夜，派舒积方等 40 多人，押着彭突袭保宁桥舒德栋家。陈光钊赤手空拳地和团丁搏斗一阵后，被刽子手夏玉清用大刀在背部、手膀和腿部砍了 4 刀，身负重伤，而被敌捆住。

陈光钊被绑架到夏家巷团防局。舒集吾使用多种手段，逼陈光钊交出共产党员名单，陈光钊视死如归，未透露半字。

1928 年农历七月十二上午，反动派指使匪徒们把各村男女老少一齐赶到夏家巷，气势汹汹，扬言要“杀鸡给猴看”。他们搭起了高台，当众对陈光钊残酷动刑。先用“燕儿扑水”，再用麻绳紧捆脚手的四个大指头，翻吊在台梁上，又抬出一块石磨压在他的背上。再在磨眼中间穿上一根大棒，一头吊着共产党员张洁斋，一头吊着共产党员舒小凡。一直整到下午，敌人毫无所得，舒集吾一筹莫展。准备下最后毒手，杀害陈光钊、张杰斋、舒小凡。刽子手夏玉清用尖刀刺穿陈光钊的锁骨，并穿进铁丝，然后用四颗大钉将陈光钊的四肢钉在门板上，抬着游街示众。敌人把陈光钊抬到街东头大樟树下，先杀舒小凡，接着用尖刀剜出张洁斋的心，陈光钊仍然面无惧色，对舒集吾说：“我们这些人，就是死了，也是你们的冤家对头。”舒集吾咬牙切齿道：“给我砍！”陈光钊遂壮烈牺牲，年仅 30 岁。

新 铺 乡

红军瓜子峪战斗遗址

红军瓜子峪战斗遗址 王本平摄

红军瓜子峪战斗遗址位于新铺乡南部、易家渡镇西北端的山峪中。此山峪，两端窄，中间宽，呈瓜子形，长约6公里，故称瓜子峪。峪中有条溪沟（双溪上游），自北往南蜿蜒纵贯瓜子峪。“瓜子峪”曾用为行政区域名，现属新铺乡。新铺乡政府驻地即在此山峪中，距石门县城12公里。

1931年1月20日的白沙渡之战，使国民党军败退瓜子峪。段德昌率领红六军尾追。国民党十九师李觉部、新编三十四师顾家齐旅和李国钧独立旅约5000多人阻于瓜子峪和临澧县新安一带，增援瓜子峪，并占踞有利地形笔架山。红二军看形势不利，立即撤出县城援助红六军。在瓜子峪与国民党军展开激战。红军由于弹药不济，杀伤不力，反被敌军包围。这时，尚在外围作战的红四师十一团，从敌人背后猛打，冲出一道缺口，掩护红军主力突围。战斗打了一天，终于摆脱敌人的围攻，赴新关、搭浮桥，经皂角市、桐梓溪，驻磨岗隘。但敌人继续逼攻，飞机、大炮狂轰滥炸。红军撤往磨岗隘、商溪河一线。为打退敌人的进攻，26日，贺龙指挥红军在青泥溪、官坪、商溪河、珠宝街、水南渡设防，在金鸡观、青泥溪、北瓜凸、枞树岭一线打得尤为激烈。敌罗效之部冲在前面，差点被生擒，国民党十九师李觉部赶到，抄红军后路，凶猛赴来。因众寡悬殊，红军缓兵撤离。

皂市镇

红军白沙渡战斗遗址

红军白沙渡战斗遗址　王本平摄

白沙渡位于皂市镇白沙渡村,与新关镇、新铺乡交界。

红二军团从湖北走马坪出发,分路进击石门,1931 年 1 月 20 日,抵皂角市白沙渡,与敌十九师第二团、新三十四师周燮卿旅及省保安第十团罗效之等部隔河相持。是日,敌军凭借优势兵力和精良装备,从李家滩、枧子溪抢渡,频频向红军发起攻击。时至夜晚,红军在石门县赤卫大队援助下,从白沙渡上游的刘家坪过澧水河,绕丫角山到敌军背后。部署红十一团覃甦攻左翼,红十四团罗统一攻中路，红十二团攻右翼。天刚破晓，红军便向敌背猛烈攻击。半日，敌军惨败，向瓜子峪逃窜。在追敌激战中，县警卫大队大队长陈昆山英勇牺牲。这时，红二军占领县城，红六军乘胜向瓜子峪逼进。敌十九师李觉、新三十四师顾家齐旅和李国钧独立旅约5000多人阻于瓜子峪和临澧县新安一带，占踞有利地形笔架山。红二军看形势不利，立即撤出县城援助红六军。由于弹药不济，杀伤不力，反被敌军包围。这时，尚在外围作战的红四师十一团，从敌人背后猛打，冲出一道缺口，掩护红军主力突围。战斗打了一天，终于摆脱敌人的围攻，赴新关、搭浮桥，经皂角市、桐梓溪，驻磨岗隘。但敌人继续逼攻，飞机、大炮狂轰滥炸。为打退敌人的进攻，红军分别在九里坡、磨岗隘、青泥溪、官坪、商溪河、珠宝街、水南渡驻军设防，在金鸡观、青泥溪、北瓜凸、枞树岭一线打得尤为激烈。因众寡悬殊，红军撤离石门返回鹤峰苏区。

姜维钦烈士墓

姜维钦烈士墓位于皂市镇园艺场三组。

姜维钦(1927—1949),1927年出生于上海市郊区。1947年参加中国人民解放军。不到两年,由一名普通战士成长为侦察排长。1949年7月,他随部队南下,参加解放石门县的战斗,9月4日,他奉命带领6名侦察员,化装前往敌占区——新关、皂市一带侦察敌情,在敌军师部侦察完情报后,出门时被敌军官识破,姜维钦沉着指挥6名侦察人员迅速向茅山方向撤退。7名勇士在敌军的追捕下,越过骆家溪,直奔朱家坪,边跑边回击敌军,当撤至朱家坪后坡的周家垴时,一颗子弹打中了姜维钦的右腿,随后身上又连中两枪,为了战友的安全,更为了把情报及时送给部队首长,姜维钦果断命令6名侦察员迅速突围,自己留下来阻击敌军。他打尽了所有的子弹,当敌人大叫"抓活的"把他团团围住时,他拉响了最后一颗手榴弹,与敌人同归于尽。

新中国成立后,人民政府在姜维钦牺牲的山坡上,修建了烈士墓。姜维钦烈士墓是皂市镇中心学校的德育教育基地。

姜维钦烈士墓　张吉全摄

黄家屋场红军标语

黄家屋场位于皂市镇皂阳路左侧。

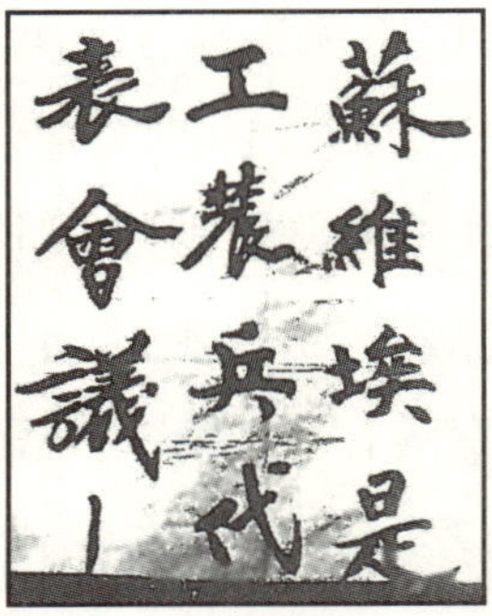

黄家屋场红军标语

1931 年 1 月 20 日，红二军与石门县警卫大队进抵皂市，追击敌十九师第二团、新编三十四师周燮卿旅及省保安第十团罗效之部。红军到皂市后，利用报告会、歌曲、标语等多种形式，宣传群众，动员群众支援革命战争。红军第二军政治部、红军第十六师第四十六团宣传队在皂市黄家屋场写下了“苏维埃是工农民主政权”“没收豪绅地主阶级的土地和富农所余出租的土地分配给无地或少地的农民以及失业农民！”“苏维埃是工农兵代表会议！”等标语。

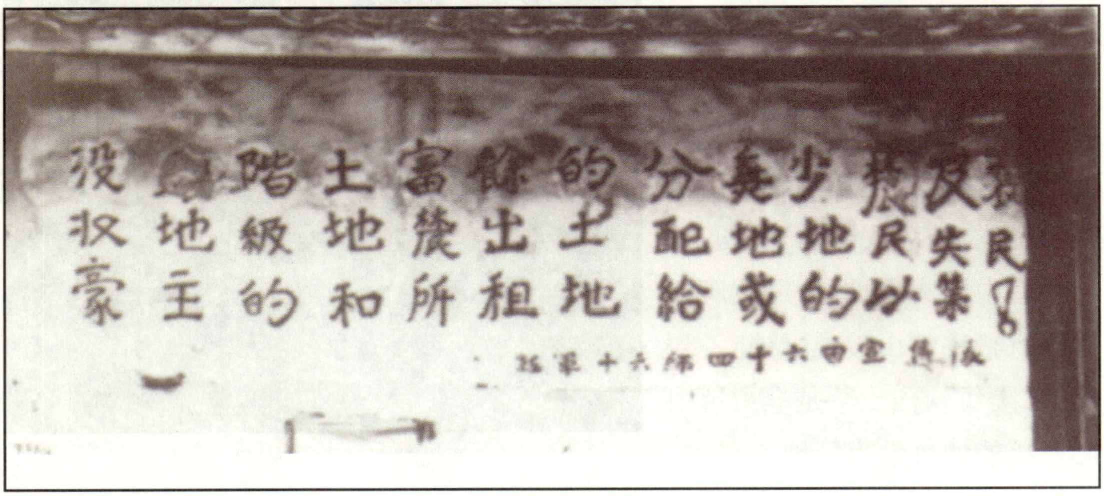

黄家屋场红军标语

白云乡

贺龙革命活动地遗址

龙王洞入口　张吉全摄

贺龙革命活动地遗址——龙王洞位于白云乡望羊桥村境内。

1928年2月，贺龙奉中央指示，回湘鄂边区开辟根据地。2月下旬抵达石门，准备与地下党取得联系。正值石门“年关暴动”失败，党组织遭到严重破坏。于是，贺龙决定改变计划，北上桑植。

这天，贺龙来到白云与望羊交界的分水岭，突然听见前面大呼小叫，抬头一看，只见一群匪兵正搜查过往行人。原来，国民党43军雷世光师接到密令，得知贺龙路过石门，便沿途设关立卡，妄想一举擒获，好邀功求赏。贺龙往日常在这一带活动，认识他的人很多，知道不可能混过关去。于是，他机警地向小周、小李两名随行人员打个手势，旋即钻入路边山林中。不料，已被匪兵发现。霎时，哨声乱响，枪声大作，一群群匪兵饿狼般跟踪扑来。

雷世光得知贺龙的消息，忙增派一个营的兵力，一面合兵包围，一面组织搜山。折腾了半天，在北山一山洞口发现血迹。雷世光断定贺龙负伤躲进山洞了。便连夜调集重兵把洞口围了个水泄不通。负伤的是小周，敌人的乱枪打中了他的小腿。贺龙撕下衬衣给小周包扎，背起小周一溜小跑，钻进了龙王洞。进洞后，他们爬岩壁，涉阴河，摸索着走了很长一段路，隐约听见洞外人声喧闹，匪兵们已追到洞口。

贺龙叫小周、小李休息，自已警戒。不知过了多久，他蓦地看见前边冒出一团火光，呼喇喇直逼过来。火光越来越近，那举着火把的男子，边走边低声呼唤："贺将军！贺将军！"……。借着火光，贺龙看清了是个陌生人，顿生疑窦：他是谁？是匪兵的侦探么？

这时，后边洞里人声嘈杂，匪兵进洞搜索了。事不宜迟，等那陌生人走到身边，贺龙轻舒猿臂，一把拽住，用枪口顶着后背说："莫害怕！你找我干什么？"那人忙说："你是贺将军吧？敌人要进洞捉你呢，快跟我走，这边还有出洞口"。

陌生人叫徐先仁，家住南山脚下。一家三口，父亲被国民党军拉伕，倒毙在鹤峰。他与老母相依为命，打柴度日 。这天，见龙王洞被匪兵围着，听说是要进洞抓贺龙。他急忙回家告诉了母亲。徐母一听，大惊失色，忙把他拉到内屋，轻声说："贺龙是专为穷人打天下的，我们得想方设法救他才是！"徐先仁紧紧地抓住母亲的手说："我晓得了"！转身向屋外走去。

龙王洞深不可测，且与周围的龙女洞、仙人洞相通。徐先仁经常进洞采石笋给母亲治气痛病，对洞中路径了如指掌。他从龙女洞摸进去，把贺龙救了出来，并一直护送到湖北。

雷世光亲自督阵指挥围山搜洞，整整折腾了十天。他想，贺龙必死无疑了！正想回师上报请功，忽然，接到密电，说贺龙早已安全到达湖北。他立刻像一只泄了气的皮球瘫倒在太师椅上。

龙王洞凌霄殿　王本平摄

新中国成立后，贺龙还记得龙王洞历险遇徐先仁的一段经历，常风趣地对人说："如果不是'仙人'（先仁）搭救，我贺龙恐怕早就成死龙了。"

相关链接：

龙王洞，座落在石门县西北部的白云乡望羊桥村境内，距县城28公里。龙王洞长10公里，据地质评估属6亿年古洞，是武陵山脉一个造型奇特的大溶洞，与南支仙人洞、龙女洞浑然一体，互相贯通，构成可与武陵源黄龙洞相媲美的奇特群洞。这里水通洞天，洞泻碧水，山中怀洞，洞中衔山，可谓步步有景，处处藏珍，十里曲洞，十里迷宫，十里玉琢，十里彩屏，有大小景点60多处。这里气候适宜，冬暖夏凉，是度假休闲的好地方。中华人民共和国元帅徐向前于1987年10月为龙王洞题写洞名。

白云红军屋桥

白云红军屋桥　王本平摄

白云红军屋桥位于白云乡人民政府驻地。

贺龙率红军曾多次通过屋桥,故当地群众把桥命为“红军屋桥”。

新中国成立初期,南下干部杨文考被土匪枪杀于屋桥左侧。

2011年1月被湖南省人民政府公布为省级文物保护单位。

相关链接:

《清同治石门县志校注》载:旧桥圮于水,嘉庆二十五年(1820)重修。民国24年(1935),石门发生百年罕见的大洪水,白云屋桥被大水冲垮。是年又重修。

白云屋桥全长45米，系3孔横木平桥，跨度12米，桥高13米，面宽6米。桥墩为青石垒成棱形，横梁之上构木为屋，悬山顶吊楼式。桥上木屋用优质杉木构成，小青瓦屋顶，格调高雅，坚固耐久，美观大方，别具风韵。桥中间为走道，桥内两边设有木质长凳供行人歇脚，躲避风雨，又名风雨桥。

白云红军屋桥右侧　王本平摄

苏清镐烈士墓

苏清镐烈士墓位于白云乡美盛桥村。

1951 年 3 月 10 日，苏清镐被石门县人民政府认定为革命烈士。

苏清镐(1900—1928)，字怀西，1900 年出生于白云乡美盛桥村。1926 年毕业北京师范大学。毕业后参加了李大钊领导的工人运动。李大钊被捕后，他受到牵连，被迫离京返乡，到石门中学任教。

1926 年 6 月，苏清镐与北京、上海、长沙等地读书的青年学生邢业炳、龙声灵、江伯龙等，组成了石门旅外学生回乡工作团，深入城乡，积极开展革命活动。

1927 年“马日事变”后，国民党反动派到处追捕、残杀共产党员。石门反动县

苏清镐烈士墓　张吉全摄

长刘夷狂叫要"招来天下刀客，杀尽共产党人"，勒令各群众团体停止活动，全县中、小学校停课，并先后杀害了县总工会会长邓恒泰等共产党员和革命群众。一时间，腥风血雨，一片白色恐怖。在这种情形下，苏清镐怀着对反动派的刻骨仇恨，冒着被追杀的危险，回到老家白云乡美盛桥，秘密开展革命活动。

1927 年 7 月，中共湖南省委派伍伯显回到石门工作，不久，即在县城恢复了中共石门县委。苏清镐与邢业炳、龙声灵等人是伍伯显的同学，所以很快就和党组织取得了联系。为取得公开职业做掩护工作，县委书记伍伯显任命苏清镐为筹建办主任，与邢业炳、龙声灵等共商开办石门中学补习班事宜。此举很快得到了广大教育界人士的同意与支持。石门中学恢复上课了，苏清镐担任教务主任，并将县委书记伍伯显和县委委员盛联熊吸收到该校任教。任教的还有邢业炳、龙声灵、宋人杰、申悦庐等人。他们到职后，便按照县委制定的"恢复组织，发展党员，组织群众，准备暴动"的方针，迅速恢复了中共石门中学支部。经伍伯显、盛联熊介绍，苏清稿和邢业炳、龙声灵等被发展为中共党员，石门中学的党组织得到了壮大。国民党省党部派整党特派员蒋保炯(临澧人)、廖仲元〔石门南圻(今皂市)人〕到石门清理党务，其主要目的是清洗共产党人士，"纯洁"国民党组织。蒋保炯是未暴露的共产党员，廖仲元又非常同情革命，所以蒋保炯到石门后，就以整党特派员的身份，将苏清镐介绍到罗效之(县农民自卫军大队长)部任书记官，借以掌握军权。苏清镐到县农民自卫军任职后，凭他的非凡才干和革命事业心，加之与罗效之同是南圻人，故在工作上能较好地配合，加紧对农民自卫军展开宣传教育工作，灌输革命思想，鼓舞士气，为发展壮大农民自卫军、支持农民革命运动起到了一定的作用。

是年秋，在石门中学任教的县委书记伍伯显和县委委员盛联熊的身份暴露。1927 年 7 月，中共湘西特委改派张仲平(原名蔡以忱，武昌人)到石门接替舒玉林的县委书记职务。为适应"年关暴动"的需要，将苏清镐与邢业炳增补为中共石门县委委员。

1927年年底，县委决定在反动势力较强的新关、南圻等地组织暴动。农历腊月二十八、二十九两天，由县委书记张仲平带领县委委员和暴动骨干分子等在县委委员、县暴动大队大队长龙在前家里秘密集会，策划“年关暴动”事宜。苏清镐、邢业炳、龙声灵、杨绪清、邱备武、阎于锡等20多人参加了会议。会上决定以刺杀国民党警察所所长上官嗣西父子和对抗共产党的“亲爱党”组织者、南圻国民党区队长王启发，捣毁新关团防局，杀掉局长邓楚庆、新关区长喻云廷等为主要目标。并拟出了周密的行动方案，对参与人员进行了明确分工，待研究完毕，已是除夕之夜。于是他们就在龙在前家一起团年，饭后立即行动，由张仲平、龙在前、邢业炳以及苏清镐等人，各带3名暴动队员，脸抹黑灰，手持大刀，肩背猎枪，按照计划，直闯上南圻。当苏清镐他们赶到上官嗣西家时，发现门窗紧闭，家无一人。原来上官嗣西害怕共产党的袭击，早躲起来了。队员们用锄头砸开了大门进入室里，烧掉了他上下三进的大房子。暴动队员在转战途中，竟遇上了“亲爱党”的组织委员廖誉先，就地将其杀死。当队员们赶到新关时，团防局局长邓楚庆、区长喻云廷早已逃之夭夭。队员们非常气愤，又直奔挨户团区大队长熊清和家，将其抓获处决，烧掉房子。新关“年关暴动”之后，新河、磨市、福田、寺垭等地也接二连三地暴动，从而振奋了人民群众的革命精神，挫杀了反动势力的嚣张气焰。

石门“年关暴动”后，反动派不甘失败，逃至津市的国民党石门县警察所所长上官嗣西、县团防队队长上官肇褒，暗中勾结驻常澧的贵州军阀李鑫四十三军雷世光师进驻石门进行反扑。1928年3月23日，雷师所属宋团包围了石门中学、石门一高、石门女高、教育局和县党部。苏清镐不幸被捕，同时被捕的还有共产党员邢业炳、龙声灵、熊彦明等。反动军警随即把他们拘禁在县城福音堂，进行了长达7天之久的严刑拷打和威逼审问，敌人始终没有从苏清镐等人口中获得党组织的真情。1928年3月29日，反动派将苏清镐杀害在上河街尼姑滩，时年28岁。

维 新 镇

贺龙办公地盛炳南老屋遗址

贺龙办公地遗址——维新镇大兴场村盛炳南老屋　来源于石门县委党史办资料

贺龙办公地遗址位于维新镇大兴场村盛炳南老屋。盛炳南老屋因修建皂市水库于2004年被拆迁。

1933年12月19日，中共湘鄂西中央分局在湖北咸丰县大村召开会议，讨论湘鄂西苏区失败的教训与当前的任务，提出“创造湘鄂川黔新苏区”的目标，并将石门县纳入湘鄂川黔苏区的游击范围。贺龙、夏曦、关向应率红三军一直坚持活动在湘鄂川黔边。

1934年10月24日，任弼时、肖克、王震领导红六军团在印江县木黄与贺龙、关向应、夏曦率领的红三军会师。根据中央指示，红三军恢复红二军团番号。

红二、红六军团为策应中央红军长征和建立新苏区，发起湘西攻势，创建了以永顺、大庸、龙山、桑植为中心的湘鄂川黔根据地。11月26日，在大庸成立了以任弼时为书记的湘鄂川黔省委，以贺龙为司令员、任弼时任政委的湘鄂川黔省军区，以贺龙为主席的湘鄂川黔省革命委员会。12月中旬，红军主力突击桃源，取得浯溪河大捷，占领桃源县城，兵临常德城下。接着攻占慈利，回师大庸桑植。

1935年4月，红二、红六军团主力奋勇进击，三天之内连获陈家河、桃子溪大

捷，随即挥师慈利进抵通津铺。红军一部追击敌罗效之部至石门樟树阁（袁公渡）、仙阳一带，人员资财得到了补充。6月至8月上旬，红军主力进军鄂西，接连取得咸丰忠堡、板栗园战斗的重大胜利，粉碎了湘鄂两省敌军的“围剿”。

为了发展大好形势，红二、红六军团乘胜再次大举东进，出击长江以南、洞庭湖以西广大地区，巩固和发展根据地。8月20日，红军主力从桑植洪家关出发，经走马坪、江垭进入石门阳泉、仙阳。8月21日，邓中夏率红十七师抢先占领石门，红军第三次解放石门县城。随即兵分三路挺进临澧。南路由肖克率红六军团十七师从石门白沙渡出发经易家渡向临澧进击，23日，占领县城。中路红六军团十七师某团从石门县城东下新安、合口驻扎。北路由贺龙率红二军团四、六两师从石门仙阳坪出发，经瓜子峪、沿澹水东下进击津、澧。24日，红四师占领津市；27日，红六师攻占澧县。任弼时、关向应、贺龙、王震、李达等特地前往澧州城庆贺胜利。红二、红六军团这次东进，开辟了广阔的游击区，将湘鄂川黔根据地从慈利江垭向东挺进了100多公里，威逼常德、岳阳，震动长沙。

9月初，敌人新的“围剿”日渐形成，红二、红六军团主动将主力撤离津、澧，兵分两路向石门西北地区集结、整训，作好再次反“围剿”的准备。一路经临澧新安、石门县城、瓜子峪、皂角市、十里长滩、袁公渡到渡水、磨岗隘、南岳驻扎。一路取道澧县王家厂、和尚洞，经河口、三圣、杜家岗到维新场驻扎。红二军团军团部驻渡水崇阳盛芳木家，所属第四师驻磨岗隘大福桥，第六师驻渡水坪。红六军团军团部先驻维新毛坪，后迁古城堤文家祠堂，所属第十六师驻维新场、磨岗隘一带，第十七师在石门县城坚守活动34天，后北进驻磨岗隘。湘鄂川黔独立团驻袁公渡。

红二、红六军团在石门征战、驻扎和集中整训，长达70多天，活动遍及全县34个乡镇。红二、红六军团在石门苏区活动的两个多月里，广泛发动群众，建立人民政权，严惩土豪劣绅，壮大红军队伍。

1.广泛宣传群众，传播革命火种。红军每到一地，做的第一件事就是走村串

1935 年 9 月，红二、红六军团领导在澧州城合影。左起：贺龙、李达、关向应、任弼时，坐者为王震
来源于石门县委党史办资料

户，大张旗鼓地开展宣传，发动武装群众。宣传“推翻国民党统治，建立苏维埃政权”；“实行土地革命，没收豪绅地主的土地，分给无地或少地的农民耕种”；“红军是工农的军队”“当红军最光荣”；“取消一切苛捐杂税”“不交租、不交税、不交粮”等内容，军委分会在渡水、维新还发布了《中华苏维埃共和国中央军事委员会湘鄂川黔分会第一号布告》《为号召全国民众保卫中国反对日本帝国主义侵略打倒卖国罪魁蒋介石的宣言》《中国共产党十大政纲》。

(1)开大会。红六军一个工兵连一到雁池，全体干部战士就挨家挨户访贫问苦，召开群众大会，宣讲革命形势，指导农民成立农民协会和苏维埃政权，帮助组建游击武装。驻磨岗隘的红二军团在街头桃李坪召开万人大会，会场四周竖有贴满红色标语的门板，会议还供应早餐，迟到的群众也能得到一顿早餐的洋钱。红军在皂市、维新、渡水、磨市、南岳、太平、川山等 20 多个乡镇召开大小群众会 200 多次。上至军团最高领导人任弼时、贺龙、肖克、王震，下到一般红军指战员都到会当宣讲员。在红军集中驻扎的维新、渡水、磨市、南岳等地区召开万人大会达 7 次。红六军团在维新的茅坪、叶家河滩等地召开过 3 次有红军、游击队和群众参加的万人大会，军团首长肖克等讲了话。大会还根据群众的强烈要求，就地处决了无恶不作的伪团总张明阶和大土豪陈博吾等 22 人。这些大会声势浩大、威震四方，土豪劣绅闻风丧胆，穷苦百姓扬眉吐气。

(2)写标语。红军所到之处,所驻之地,写的革命标语,比比皆是,内容极为丰富鲜明,新颖感人。“打倒国民党,建立苏维埃政府”“只有苏维埃才能救中国”“实行土地革命”“打土豪，分田地”“反对蒋介石抽丁拉夫征粮派款打内战”“红军是替劳苦群众谋利益的军队”“猛烈扩大红军”等标语,保存至今。1976 年在皂市、白云、维新、渡水、磨市、九伙坪、商溪、所街等 10 多个乡镇调查,尚保存有红军标语 128 条和两幅红军宣传画。在维新唐春娥家的墙上还有红军题写的两首诗,一首为红军绍伯写的《从军乐》:“铁肩挑主义,血手写文章,励志从军乐,愿君莫彷徨。”

(3)唱红歌。红军不但自己唱,还经常教老百姓唱红歌。红军教唱的红歌很多,如《红军战士好英勇》《当兵就要当红军》《红军纪律歌》《全国反动派都是一个样》《青年歌》《抗日歌》等。驻渡水的红军小号兵路生,经常和小朋友在一起玩,教

贺龙办公地:维新镇大兴场村民盛炳南老屋遗址　王本平摄

他们唱红歌。小朋友最爱唱的一首是:“鸡儿叫,红军到,滴滴答答吹军号。机关枪,迫击炮,专打劣绅和土豪,吓得坏蛋四处逃,穷人翻身哈哈笑。”

(4)演节目。红军演唱的革命歌曲、歌剧、活报剧等,山区的老百姓叫“文明戏”。在皂市、维新、渡水、和平、磨市、南岳、泥市等地演的节目中,有打倒土豪劣绅的、有揭露国民党反动派丑恶嘴脸的、有拥政爱民优待红军家属的、有执行红军纪律的等等。特别是活报剧《活捉蒋介石》,演得惟妙惟肖。

2.建立人民政权,组建革命武装。在湘鄂川黔省委的领导下,1935年春,石门建立了县委和县革命委员会。红二、红六军团解放石门后,帮助恢复发展党团组织,大力加强政权建设。各地很快建立了人民政权,进行了土地改革,组建了革命武装,开展了游击战争。全县有易市、皂市、白云、望羊、沿市、岗市、维新、渡水、太平、川山、和平、磨市、杨柳、雁池、所市、南岳、苏市、罗坪、水南渡、泥市20个乡镇,建立了农民协会和苏维埃政权,磨市、所市、南岳、苏市等乡镇还发动群众进行了土改,插三角红旗,分田地到户。其他乡镇都开展了打土豪、分钱财、分谷米的斗争。红军高度重视地方革命武装建设。凡红军集中驻扎和经常活动的乡镇,红军都帮助组建了游击队,并派红军干部或担任领导,或指导训练。驻渡水的红二军团在中坪八斗蚯大田里召开了一次有红军、游击队和广大群众参加的万人大会,军团长贺龙讲了话,动员乡村建立革命武装,号召青年踊跃参加红军。会上宣布成立了有700多人参加的游击大队,下辖3个分队。全县有易市、皂市、阳泉、白云、望羊、新铺、青龙、泥市、维新、岗市、三圣、渡水、丰禾、河口、太平、川山、和平、磨市、杨柳、雁池、所市、文化、苏市、南岳、罗坪25个乡镇,建立了游击队80多支,游击队员达8000余人。石门游击队由袁任远任政委的大庸军分区统辖。这些游击队配合红军开展了打土豪、分田地、分浮财、“捉肥猪”筹粮筹款和保卫苏区的各项斗争,在“扩红”中大部分游击队员参加了红军。

3.严惩土豪劣绅,救济穷苦农民。“共产党,工农兵,开大会,下决心,杀土豪,斩劣绅，军阀官僚尽除根，吃他们的肉，挖他们的心，没收财产大家分。”这首红军战歌在石门城乡广为流传。驻扎各地的红军在农民协会和乡苏维埃政府及游击队的配合下，广泛发动群众，在全县开展了声势浩大的打击土豪劣绅的斗争和救济穷苦百姓的“赈饥”活动。先后在易市、二都、杨坪、皂市、白云、青龙、望羊、泥市、维新、渡水、岗市、磨市、所市、和平、杨柳、南岳、雁池、川山、太平、河口、苏市、罗坪22个乡镇，共打土豪458户。对极少数罪大恶极的土豪劣绅，如皂市的覃丙庭、望羊的龚平皆、渡水的覃典成、河口的吕世向、磨市的唐子盘等，经召开群众大会公审后予以坚决镇压，共处决36人，还惩处各种反动分子70余人。皂市、白云的游击队带领红军还烧了石门保安团长罗效之的老巢。这些坚决的革命措施，大灭了反动势力的气焰，大长了穷苦百姓的威势。川山白竹村贫苦农民文启凯在大门上贴了一幅大红对联：“欢迎红军；打倒土豪。”红军和游击队打土豪得来的钱粮和各种浮财，除一部分留作军用外，大部分都用于救济穷苦百姓。驻磨市、南岳、所市的红军率游击队查抄了覃林清等三个大土豪的家，没收稻谷80多担、腊肉几百斤、食盐千余斤、铜元7箩筐和大量其他财物，尽数分给了当地的穷苦农民。红六师发动群众抄了雁池大土豪黄伯侯的家，出谷、杀猪、分浮财，天天几十桌，分了好几天，好像整酒，热闹非凡。驻维新、渡水的红六军团打土豪后，在28处“赈饥”36次，在热水溪一次“赈饥”200多人，除分给粮食外，不论大人小孩还分得一吊铜钱。红军独立15团和游击队在太平街打了七户土豪，将大量粮食、财物用黄缸、板桶等堆放在一块大田里，扎柏枝彩门，开大会分发，全部分给了穷苦百姓。

4.猛烈扩大红军，壮大红军队伍。红军在石门整训期间，从军团首长到广大指战员都把动员参军、扩大红军作为一项最重大的任务。各乡苏维埃和农协政权都全力支持紧密配合。采取培训骨干、扎根串联、大小会动员、分浮财发动、军民联欢会餐、派红军干部担任游击队的指导员和队长等多种办法，在全县开展了轰

枞阳树，传说贺龙曾在树下钓过鱼　王本平摄

轰烈烈的大规模的“扩红”运动。红二军团在渡水下坪村六斗蚯大田里召开万人大会，贺龙亲自讲话，号召广大青年参加红军，会上就有200多人报名参军。驻维新的红六军团通过培养骨干分头串联，办了18个扩红点，串联一班人就当班长，串联一排人就当排长，串联一连人就当连长。伍本育和李元明动员近100人参加红军，成立了一个连，伍本育任连长，李元明当了班长。在20多天里，仙阳坪就有1000多人参加红军，组成了一个独立团。石门苏区人民拥护红军，热爱红军，广大穷苦青年把当红军作为最光荣的事业踊跃报名参军。陈振亚领导的“平民工厂党支部”的5名党员带头参加红军。贫苦农民唐生明一人就串联发动了37人参加红军。川山地区出现了陈崇尚父子，唐自清、唐天照三叔侄，唐天太三兄弟争当红军的动人情景。涌现了父送子、妻送夫、兄弟争先入伍，敲锣打鼓欢送当红军的热烈场面。各地游击队组成新兵连直接编入红军。在两个多月里，全县参加红军的工农劳苦群众达5000多人，新组建了三个独立团：官铺独立团（维新、渡水、杜家岗地区的新兵）、石门独立团

贺 龙

(新关、皂市、白云地区的新兵)、石慈独立团(磺厂、国太桥、望羊、袁公渡地区的新兵),每团千余人。石门苏区广泛流传着:“扩红一百,只要一歇;扩红一千,只要一晚;扩红一万,只要一转。”“走一天,扩一千;走一县,扩一万。”的歌谣。

5.开展全面整训,决策突围长征。红二、红六军团在石门苏区对部队进行了思想政治教育、军风军纪建设、整编增员和军事训练等全面整训。军团召开多次党的积极分子会议和红军指战员大会,进行革命理想、革命纪律和反蒋抗日的教育。红军驻地都设有政治学习的“列宁室”,贴有“红军誓词”“军人大会决议”等学习内容,进行政治学习,思想、纪律、作风整顿。重点学习军团政委任弼时在石门写的“红军誓词”:“我们是工农的儿子,自愿当红军,完成苏维埃政府给我们的光荣任务,为着工农解放奋斗到底。我们是红色军人,要保护自己和同志们,绝对遵守和服务苏维埃的一切法令,并以自己的血和肉发展民族革命战争,实行土地革命,推翻国民党,保卫苏维埃,打倒帝国主义,争取中国解放,为社会主义前途而斗争。现在敌人正在大举进攻,我们要团结一致,用我们的刺刀和枪,与敌人决一死战,用我们的头颅与热血换得苏维埃的新中国。我们为阶级利益,遵守革命纪律,如有违反和不忠,甘受革命纪律制裁”。这个“红军誓词”,在石门维新、渡水、磨市等地的群众中都广为流传。在进行思想、纪律、作风整顿的同时,各个部队都开展了热火朝天的军事训练。训练项目有瞄准(射击)、投弹、刺杀、夜战、夜行军等。军团首长贺龙、肖克等曾多次在维新、渡水、磨市、南岳等地检查部队军事训练。经过整训，极大地提高了整个部队的军政素质和战斗力。

红二、红六军团在石门集中整训之际，超过红军10余倍的敌军四面合围进逼，企图发动新的大规模“围剿”。9月29日，军委分会在磨岗隘召开红二、红六军团党的积极分子会议，任弼时作了《冲破敌人“围剿”的经验教训与粉碎敌人新的大举“围剿”》的讲话，分析了过去反“围剿”的经验教训，动员广大指战员运用这些经验教训，坚决打破敌人新的围剿。就在开会的这天，与党中央失去联系一个多月的红二、红六军团突然接到了周恩来发来的明码电报，询问红军情况。任弼时代表湘鄂川黔省委和军委分会，立即用密码致电周恩来：“你们现在何处？久失联络，请于来电内对此间省委人员姓名说明，以证明我们的关系。”9月30日，收到电报的张国焘以红军总政治委员和红军总司令朱德的名义署名回电说：“（一）二十九日来电收到。（二）你们省委弼时书记、贺龙、夏曦、关向应、肖克、王震等委员。（三）一、四方面军，六月在懋功会合行动，中央任国焘为总政委……我们今后应互相密切联络。”红二、红六军团军委分会即将红军反“围剿”计划电告红军总政治部。10月15日，红军总政治部来电指示：“红二、六军军团：在狭小地区内，固守为失策，决战防御亦不可，轻于尝试远征，减员（亦）大，可否在敌包围线外原有苏区附近，诱敌出碉堡，用进攻路线，集中全力以击破之。”10月17日，军委分会根据红军总部来电，在渡水召开会议，讨论新的行动方针。10月19日，红军总部再次来电，重复15日电示内容。湘鄂川黔省委和军委分会根据敌我态势的实际情况，经过反复研究，认为固守根据地不可能，到敌人包围线外原有苏区附近作战也不利，在强大敌人面前转来转去，更可能遭到失败。因此，最后决定“突出封锁线”，实行战略大转移，向湘黔边之石阡、江口、镇远、黄平方向突围长征，以创建新的根据地。到11月上旬，红二、红六军团层层动员，挥师西进，离开石门，开赴桑植。

相关链接：

贺龙塑像　王本平摄

贺龙(1896—1969)，原名文常，字云卿，1896 年生，湖南省桑植县人。1914 年加入孙中山领导的中华革命党。曾任县讨袁护国军总指挥，湘西护国军营长，靖国军团长，四川警备旅旅长，混成旅旅长，建国川军师长。1926 年参加北伐战争，任国民革命军第九军一师师长，第二十军军长。1927 年 8 月参加领导南昌起义，任起义军总指挥，同年加入中国共产党。土地革命战争时期，任中国工农红军第四军军长，中共湘鄂西前敌委员会书记，红二军团总指挥兼红二军军长，红三军军长，红二、红六军团总指挥兼湘鄂川黔省革命委员会主席和湘鄂川黔军区司令员，红二方面军总指挥。1935 年率部长征。

抗日战争时期，任中共中央军委委员、八路军一二〇师师长、一二〇师军政委员会书记，率部开辟晋西北抗日根据地。1939 年任冀中军政委员会书记、冀中区总指挥部总指挥。1940 年任晋西北军政委员会书记、晋西北军政民联合委员会主任委员。1942 年到延安，任陕甘宁晋绥联防军司令员。1945 年当选为第七届中共中央委员。抗战胜利后，任晋绥军区司令员兼晋绥野战军司令员、第一野战军副司令员、中共中央西北局第二书记、西北军区司令员、西安市军事管制委员会主任。

新中国成立后，任中央人民政府委员、西南军区司令员、中共中央西南局第三书记、西南军政委员会副主任。1952年任国家体育运动委员会主任。1954年任中央人民政府革命军事委员会副主席、国务院副总理兼国家体委主任、国防委员会副主席。1955年9月被授予中华人民共和国元帅军衔。1956年当选为第八届中共中央委员、中央政治局委员。1959年任中共中央军委副主席、中央军委国防工业委员会主任。

1969年6月9日逝世，终年73岁。

桑植县贺龙纪念馆　王本平摄

红二军团司令部驻地遗址

红二军团司令部驻地——盛联宽家老屋　来源于石门县委党史办资料

红二军团司令部驻地盛联宽（盛方木）老屋遗址位于维新镇大兴场村。因修皂市水库已被拆迁。

1935年9月初，贺龙率红二、红六军团主力主动撤离津澧，兵分两路向石门西北进发，集结整训。一路经临澧新安、石门县城、瓜子峪、皂角市、十里长滩、袁公渡到渡水、磨岗隘、南岳驻扎；另一路取道王家厂、和尚洞，经石门河口、三圣、杜家岗到维新驻扎。贺龙驻渡水坪盛炳南家，红二军团司令部驻渡水盛联宽家。红二军团所属第四师驻磨岗隘大福桥，第六师驻渡水坪。红六军团司令部先驻维新毛坪，后迁古城堤文家祠堂，所属第十六师驻维新场、磨岗隘一带，第十七师在县城坚守34天后进驻磨岗隘。湘鄂川黔独立团驻袁公渡。

红二、红六军团在石门征战、驻扎、集训时间长达70余天，活动遍及全县43个乡镇，组织开展革命宣传、建立人民政权、扩大红军队伍、整训等工作。

1935年10月19日，贺龙接红军总部来电，决定实行战略大转移，向湘黔边之石阡、江口、镇远、黄平方向突围长征。11月上旬，红二军团与红六军团一起集结南岳岩板滩离开石门，开赴桑植。11月19日，在桑植干田坝和枫树塔举行突围誓师大会，贺龙、肖克分别向部队下达突围命令，开始长征！

红二军团司令部驻地盛联宽家老屋遗址　王本平摄

附一：红二、红六军团集结石门战略突围示意图

（1935 年 8 月−1935 年 11 月）

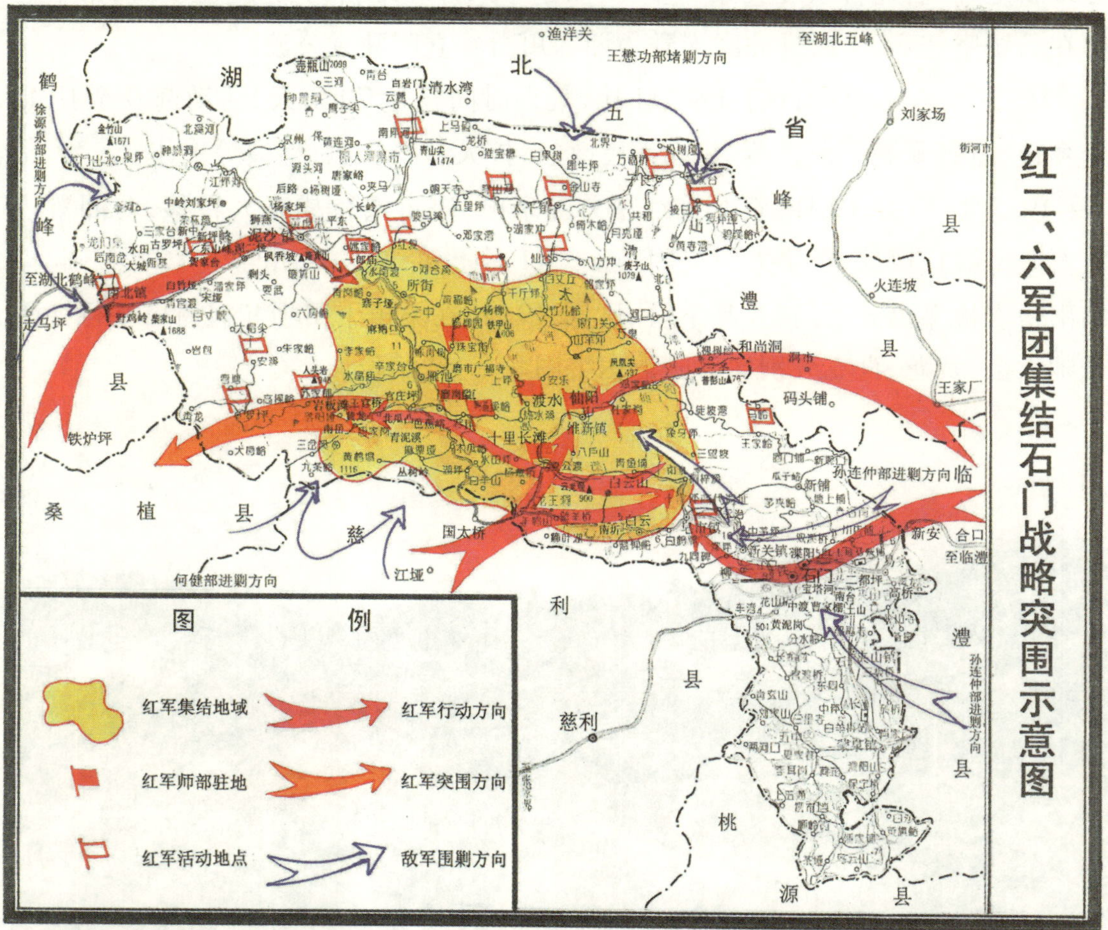

比例尺：1：550000　　中共石门县委党史办绘制　2011年12月

一、集结进军路线

1.1935 年 8 月下旬，红二、红六军团主力到达桑植洪家关一带，经走马坪、江垭等地进入石门阳泉、仙阳。红十七师抢先占领石门县城。红军第三次解放石门

县城。

接着，部队又分三路向东推进：

南路由红十七师主力团从易家渡、雷打岩、大树岗进入临澧县城；

中路由红十七师另一部从白沙渡进入临澧县新安、合口一带驻扎；

北路由红二军团第四、六师从石门仙阳坪出发，经瓜子峪沿涔水东进，抵达王家厂、大堰档。

2.1935年9月，红二、红六军团主力撤离津、澧、临等地，兵分两路向石门西北地区集结：

一路经临澧县新安、石门县城、瓜子峪、皂角市、十里长滩、袁公渡到渡水、磨岗隘、南岳驻扎；

另一路取道澧县王家厂、和尚洞，经石门河口、三圣、杜家岗到维新驻扎。

驻地分布：红二军团军团部驻渡水崇阳，所属第四师驻磨岗隘，所属第六师驻渡水坪；红六军团军团部先驻维新毛坪，所属第十六师驻维新、磨岗隘一带，所属第十七师驻磨岗隘；湘鄂川黔独立团驻袁公渡。

二、敌军“进剿”红二、红六军团部署态势

1.孙连仲的第26路军和樊嵩甫纵队，由临澧县新安经石门县皂角市向磨岗隘逐个筑碉前进；

2. 王懋功第28师驻守慈利防止红军东突，同时一部分兵力固守走马坪、五峰、渔洋关、子良坪一线构筑碉堡；

3.何键部3个师构筑碉堡固守龙山、洗车、保靖、永顺、大庸、石门之间；

4.徐源泉部3个师又4个独立旅在走马坪、鹤峰、沙道沟、东风、龙山构筑碉堡固守，慈利、石门间空隙由何键派保安队防守。

三、突围路线

1935年11月上旬，红二、红六军团离开石门，集结于桑植，誓师长征。

附二：红四军与红二军团进军石门路线图

（1929—1931 年）

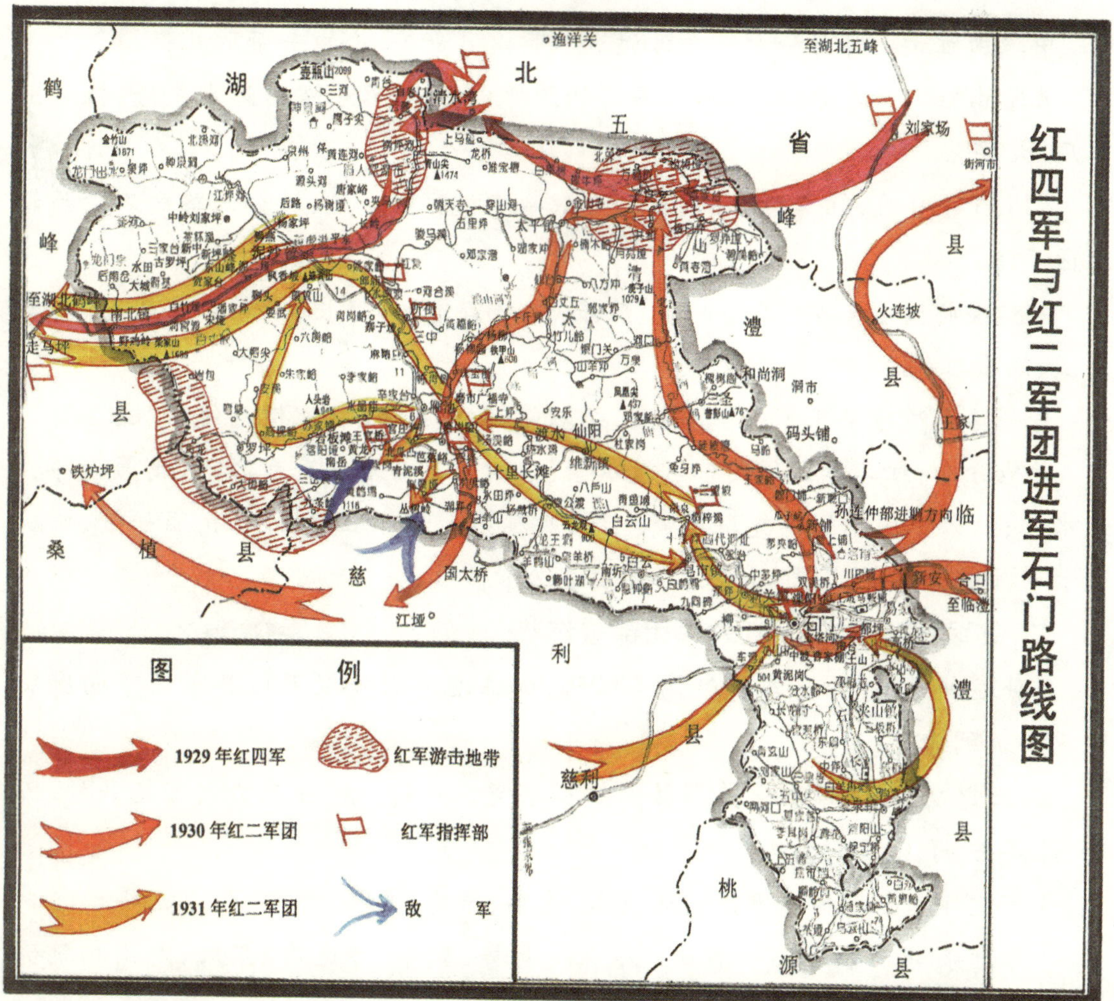

比例尺：1：550000

中共石门县委党史办绘制　　2011年12月

1929 年

4 月中旬，红四军主力（军长贺龙）向五峰、长阳、石门进军。由清水湾、刘家场方向到达石门子良坪、南坪一带展开游击活动。8月,红四军在慈利、鹤峰与石门边界游击一周,扩军500余人。

12月4日,红四军由子良坪上南岭回驻清水湾、杨木洞一带,后又经白岩门入石门南坪河,班师鹤峰,在鄂西一带开展游击战。

1930年

11月6日,红二军团第十一团攻占石门县城,红军第一次解放石门县城。然后攻打二都坪;该团先后游击子良坪、太坪街、杨柳、磨岗隘等地;不久,进军慈利,在铁炉坪击溃敌团防队后回石门县城;13日,红二军主力攻克合口、新安后进入石门县城。

12月下旬,红二军团移师杨林、街河市一带后在刘家场集合,经石门子良坪、泥沙、深溪河、南北镇向鹤峰县转移。

1931年

元月中旬,红二军团从走马坪出发,分路进击石门。20日,红二军一部与县警卫大队进抵皂角市白沙渡;红二军一部从南面向石门县城进发;红六军绕道从东面向石门县城靠拢。红军第二次解放石门县城。

红二军摆脱敌十九师包围后,遂赴新关、经皂角市、桐梓溪驻扎磨岗隘,并分别在九里坡、磨岗隘、青泥溪、官坪、商溪河、珠宝街、水南渡等地驻防。

另:红军独立团与石门苏区游击队在石鹤交界的南北镇等地多次与敌匪军展开激烈阻击战。

2月底,红二军主力在金鸡观、青泥溪、北瓜凸、丛树岭一线与敌十九师、敌新编三十四师等发生激烈战斗后,因伤亡过重,撤出战斗,经泥沙返回鹤峰苏区。

李元明将军旧居

李元明将军旧居位于石门县维新镇崔家井村。

1963 年重建，砖木结构，白墙青瓦，约 250 平方米。1978 年，因修建维新至太平公路搬迁于离原址约 200 米处。

李元明(1918—1999)，1918 年出生于石门县维新镇崔家井村。1934 年加入中国共产主义青年团。1935 年参加中国工农红军，同年转入中国共产党。

土地革命战争时期，李元明历任班长、排长、连长，参加了长征。

抗日战争时期，任八路军 120 师 359 旅 718 团某连连长、忻崞游击大队长。

李元明旧居遗址　王本平摄

李元明将军

1941年任719团某营副营长。1944年任359旅南下支队营长、平江独立团参谋长、359旅719团参谋长、鄂北军分区独立2团副团长。参加过百团大战、359旅南泥湾大生产等。

解放战争时期，先任359旅干部大队大队长，1946年后历任吕梁军分区参谋长、8分区49团团长、晋中军区独立旅参谋长、第7军21师参谋长等职。参加过1946年359旅“中原突围”、1947年春解放山西的汾孝战役、1948年解放山西的临汾战役。

抗美援朝时期，任中国人民志愿军炮兵第31师副师长。1952年后，历任中国人民解放军炮兵第31师师长，沈阳军区炮兵参谋长、副司令员，中国人民解放军炮兵副参谋长、参谋长，军委炮兵顾问。

1962年毕业于解放军高等军事学院基本系，1964年授少将军衔，荣获三级八一勋章、二级独立自由勋章、二级解放勋章。1983年离休。1988年，获二级红星功勋荣誉章。1999年病逝。

红六军团司令部驻地遗址

红六军团司令部驻地先在毛坪村，后迁古城堤文家祠堂。

1935年9月初，任弼时、肖克、王震率红六军团和贺龙的红二军团主力主动撤离津澧，向石门西北地区集结。红二、红六军团取道王家厂、和尚洞，经石门的河口、三圣、杜家岗到维新驻扎。军团司令部先驻维新毛坪，后迁古城堤文家祠堂，所属第十六师驻维新场、磨岗隘一带，第十七师在县城坚守34天后进驻磨岗隘。

红六军团在石门征战、驻扎、集训时间长达70余天，活动遍及全县43个乡镇，先后组织开展了革命宣传、建立人民政权、扩大红军队伍、开展全面整训等工作。

10月19日，任弼时、贺龙、关向应、肖克、王震等接红军总部来电，实行战略大转移，向湘黔边之石阡、江口、镇远、黄平方向突围。11月上旬，红六军团与红二

红六军团驻地遗址——维新古城堤　王本平摄

红六军团驻地遗址——维新茅坪　王本平摄

军团经南岳岩板滩离开石门，开赴桑植。11 月 19 日，红二、红六军团分别在桑植刘家坪干田坝和瑞塔铺枫树塔召开誓师大会，贺龙、肖克下达命令：长征！

相关链接：

任弼时塑像　王本平摄

任弼时（1904—1950），男，1904 年 4 月 30 日出生于湖南湘阴县塾塘乡唐家桥（今汨罗市）乡村教师家庭，曾就读长沙明德中学、湖南第一联合县立中学。1920 年 8 月加入中国社会主义青年团（1925 年 1 月 26 日改为中国共产主义青年团）。1921 年 5 月，赴莫斯科东方劳动者共产主义大学学习。1922 年年底转为中共正式党员。1924 年秋回国，担任中国社会主义青年团江浙皖区委委员，任教于上海大学。1925 年 1 月当选为团中央执行委员，担任组织部主任。同年 7 月任团中央总书记。10月任中共中央军事运动委员会委员。1927年5月，出席中国共产党第五次全国代表大会，当选为中央委员。同月，主持召开共青团第四次全国代表大会，当选为团中央执行委员，继任团中央总书记。国共合作破裂后，1927年8月7日出席在汉口召开的中共中央紧急会议，当选为中共临时中央政治局委员。1928年和1929年先后两次被捕，受严刑折磨，坚贞不屈，后经组织营救出狱。1930年任中共湖北省委书记、中共长江局委员、武汉市委书记，苏区中央局委员、革命军事委员会委员。1931年出席中共第六届四中全会，当选为中央政治局委员。同年3月率中共中央代表团赴江西苏区，11月当选为中华苏维埃共和国执行委员，12月任苏区中央局副书记，兼组织部部长及党校校长。1933年任中共湘赣省委书记、湘赣军区政治委员。1934年8月奉命率红六军团撤离湘赣苏区，突围西征，为中共中央和中央红军战略转移探路，任中共中央随

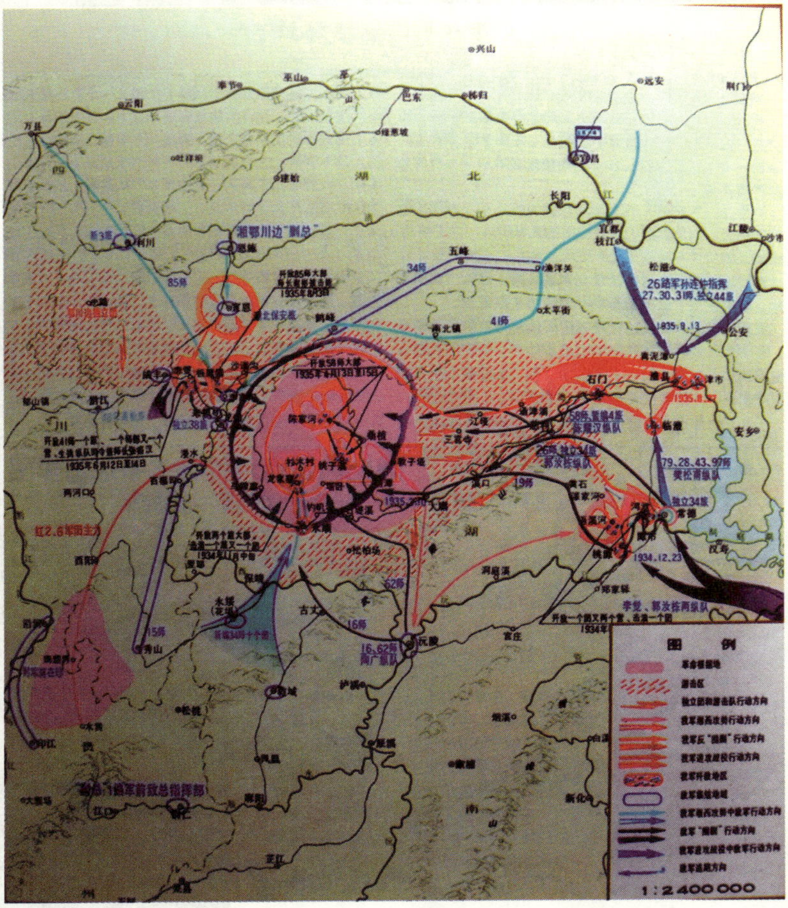

湘鄂川黔革命根据地斗争形势图　王本平摄自任弼时纪念馆

军代表、红六军团军政委员会主席。同年10月底，与贺龙率领的红三军会合(会合后，红三军恢复红二军团番号)，共同开创湘鄂川黔革命根据地，任红二军团政治委员。11月底，任中共湘鄂川黔边临时省委书记兼省军区政委。1935年11月与贺龙等率红二、红六军团突围长征。1936年7月在四川甘孜与红四方面军会合。同月，根据中央军委命令，以红二、红六军团及红三十二军组成红二方面军，任政治委员。10月任中国抗日红军前敌总指挥部政治委员。12月任中央革命军事委员会主席团委员。

抗日战争爆发后，任弼时任中共中央军委华北分会委员、八路军政治部主任，和朱德、彭德怀等率八路军开赴山西前线抗战。1938年3月，赴莫斯科向共产国际汇报工作。1940年3月回国，参加中共中央书记处工作。1941年9月任中共中央秘书长。1945年在中共七届一中全会上当选为中央政治局委员、书记处书记。1946年后，和毛泽东、周恩来一起转战陕北，协助毛泽东指挥全国解放战争。

1949年年初，指导建立中国新民主主义青年团，被推选为团中央名誉主席。同年11月赴苏联就医。1950年5月回国。同年10月27日病逝于北京。

任弼时纪念馆　王本平摄

湘鄂川黔独立团驻地遗址

湘鄂川黔独立团驻地遗址，位于原石门县袁公渡乡人民政府所在地袁公渡集镇，因修建皂市水库被淹没。

据明朝时期编纂的《周氏谱序》记载，石门县袁公渡为“渫水南岸一大市会，贾如织，向无义渡，公(周世凤)慨然捐良田十余亩，收租二十余担，作为渡子常年食用，余积为制造船及一切器用之需”，又据义渡口路碑记载：“清时，袁姓人又募公粮费续其义渡，并捐粮十八担再为渡子生活之用”，故名袁公渡。民国时为乡政府驻地，是繁华小集镇。新中国成立后，为乡人民政府驻地。

1935 年 9 月，红二、红六军团主动将主力撤离津(市)、澧(县)，兵分两路向石

因皂市水库蓄水，袁公渡集镇已成泽国　张吉全摄

因皂市水库蓄水，袁公渡集镇已成泽国　张吉全摄

门西北地区集结。一路经临澧新安、石门县城、瓜子峪、皂角市、十里长滩、袁公渡到渡水、磨岗隘、南岳驻扎。另一路取道澧县王家厂、和尚洞，经石门河口、三圣、杜家岗到维新驻扎。红二军团军团部驻渡水重阳盛芳木家，所属第四师驻磨岗隘大福桥，第六师驻渡水坪。红六军团军团部先驻维新毛坪，后迁古城堤文家祠堂，所属第十六师驻维新、磨岗隘一带，第十七师驻磨岗隘。湘鄂川黔独立团驻袁公渡。

红军在石门整训扩红70余天，全县有5000多人参加红军。袁公渡及周边地区磺厂、慈利国太桥的新兵1000余人编为石慈独立团。

1935年11月上旬，湘鄂川黔独立团随红二、红六军团主力经石门南岳岩板滩向桑植进发。1935年11月19日，贺龙代表湘鄂川黔军委分会正式下达突围命令。红二、红六军团在桑植县刘家坪和瑞塔铺分别举行突围誓师大会。

中华苏维埃共和国革命军事委员会湘鄂川黔分会会议会址遗址

中华苏维埃共和国革命军事委员会湘鄂川黔分会会议会址遗址——维新镇渡水坪　王本平摄

中华苏维埃共和国革命军事委员会湘鄂川黔分会会议会址遗址位于维新镇渡水坪。1935 年 10 月 17 日，任弼时、贺龙在此主持召开军委分会会议，确定红二、红六军团战略转移方针。

1935 年 9 月至 11 月，红二、红六军团在石门休整扩红达 70 余天。其间，蒋介石对湘鄂川黔根据地发起新的更大规模的“围剿”。共动用正规军 22 个师又 5 个旅，130 个团，20 余万人，加上地方保安团，总共约 30 万之众，将其分成“进剿军”和“堵剿军”。其具体部署是：以孙连仲的第二十六路军和樊嵩甫纵队，由临澧新安经石门皂市向磨岗隘筑碉前进；以王懋功第二十八师依恃碉堡驻守慈利，同时以一部分兵力固守湖北走马坪、五峰、渔洋关和石门子良坪一线碉堡；何键所部3个师固守龙山、洗车、保靖、永顺、大庸、石门之间的碉堡；徐源泉所部3个师又4个独立旅，固守湖北走马坪、鹤峰、沙道沟、东风和湖南龙山的碉堡；慈利、石门间由何键加派保安队防守。

敌军大兵压境，封锁严密，红二、红六军团没有找到作战机会，且与中央失去联系。面对这一困境，贺龙、任弼时等仍准备在苏区内争取打破敌人的"围剿"，并于9月29日在石门县磨岗隘召开了红二、红六军团党的积极分子会议，任弼时作了《冲破敌人"围剿"的经验教训与粉碎敌人新的大举"围剿"》的讲话，进行思想动员。

任弼时突然接到周恩来发来的明码电报，询问红二、红六军团的情况。任弼时代表省委和军委分会，立即用密码致电周恩来："你们现在何处？久失联络，请于电内对此间省委委员姓名说明，以证明我们的关系。"非常遗憾，红一、四方面军会师后，红军总部的电报密码为张国焘所控制，红二、红六军团又根本不知道这一情况。任弼时的电报被张国焘收到后，张并没有将电报转给周恩来。9月30日，张国涛以红军总政委和朱德总司令的名义回复任弼时："二十九日来电收到，你们省委弼时书记，贺龙、夏曦、关向应、肖克、王震等委员"，并告"一、四两方面军六月中旬在懋功会合行动，中央任张国焘为总政委"，要求"我们今后应互相密切联络"。电报只突出张国焘由中央任命为红军总政委，未告知党中央的去向。处在石门深山老林又被敌人重重包围的红二、红六军团，这时急切了解中央的动向，也急切希望得到中央明确的指示。任弼时收到电报后于10月2日与贺龙、关向应等联名致电朱德、张国焘，通报了当地敌情并提出询问："一、四方面军是否已入陕境，及今后行动大的方向，盼告我们，以便依据来决定我们的行动。"张国焘对此电未作回复。10月9日，任、贺、关又打电报给朱德、张国焘，特要求将电报转给中央,电中再次询问:“一、四方面军将在何处建立根据地及发展方向,盼告;你们行动方针望速以电复。”张国焘却未告知党中央的方向。

而任弼时此时却收到中共上海中央局给中共中央的来信和潘汉年给洛甫(张闻天)的信,从信中了解到有关各地红军活动的情况,他觉得这些消息对中央非常重要,于14日将这两封信让张国焘转给中央,却被张国焘截留。15日,张国焘在以自己和朱德的名义发给任、贺、关的电报中称:“红二、红六军团在狭小地区内,固守为失策,决战防御亦不可,轻于尝试远征,减员(亦)大。可否在敌包围线原有苏区附近,诱敌出碉堡,用进攻路线,集中全力以击破之。”并说:“上述意见供你们参考”,“请按实际情况由你们自行决定”。还说:“我主力红军仍在川西活动。”对党中央和红一方面军的动向仍只字未提。红二、红六军团在得不到中央明确指示的情况下,只得根据红军总部的电示,于10月17日,由任弼时、贺龙、肖克、王震、关向应等在渡水坪召开军委分会会议,研究新的行动方针。湘鄂川黔省委和军委分会结合当时的形势和客观实际,对红二、红六军团的战略方针进行了反复研究,认为当前敌人是红军的十倍之多,且不断逼近,根据地日益缩小,红军原有活动地区,东西约150公里,南北50多公里,地方工作基础薄弱,粮食缺少,地形上不利于大兵团进行战斗,红军若不突破围攻远击,在强大敌军面前转来转去,势必日益削弱,甚至遭受失败。任弼时、贺龙遵照中央军委2月11日关于“当必要时,红军可以突破敌人的围攻线,向川黔广大地区活动,甚至渡过乌江,但须在斗争确定不利时,方才采取此种步骤”的指示,决定实行战略转移,放弃现有苏区,突破敌人围攻线,转向湘黔边,争取在黔东创建新的根据地。

维新镇红军标语

1930年11月,红军进驻石门维新乡、大兴乡一带(今维新镇境内),一面休整扩军,一面深入农村宣传。红军在维新厂双星村三组伍芬举家的墙头上、九间铺村十四组伍家德堂屋墙上、梁尚表屋后、古城堤四组丁北法墙上、大兴枞阳树四组盛武俭屋后、盛芳楚后墙上写下“打倒帝国主义!”“武装保护苏联!”“红军是武装的工农!”“增加店员工资!”“消灭军阀混战!”等标语。

大兴乡枞阳村四组盛武俭屋后外墙上红军标语

维新乡维新村七组唐春娥内房墙上红军标语

维新厂乡双星村三组伍芬举家墙上红军标语

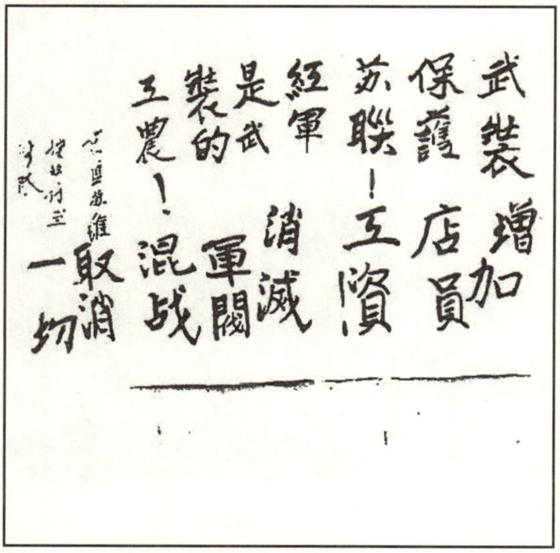

维新厂乡九间铺村十四组伍家德堂屋墙上红军标语

维新厂乡古城堤村四组丁北法墙上红军标语(原状)

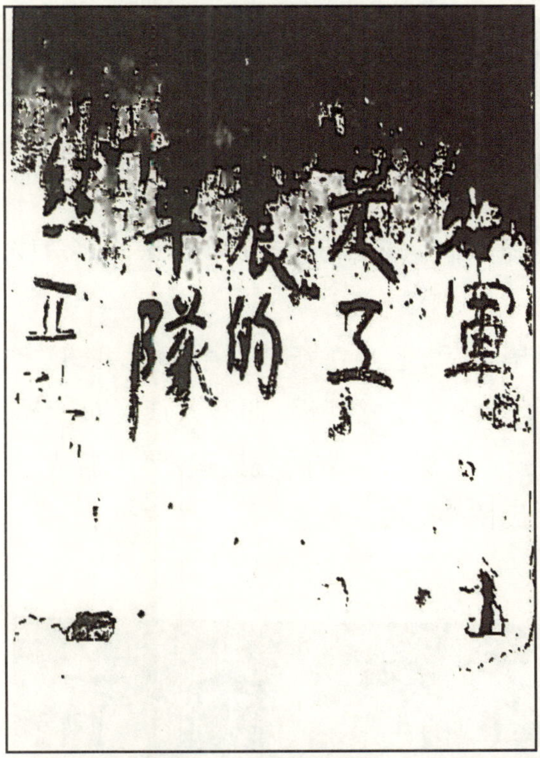

大兴乡枞阳村四组盛芳楚后墙红军标语

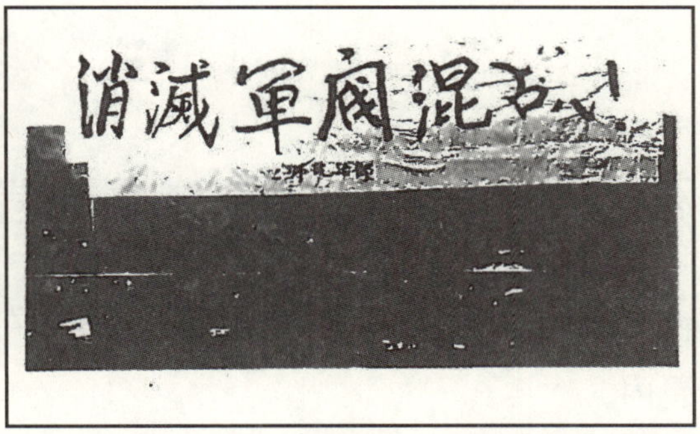

维新乡九间铺村十四组梁尚表屋后墙红军标语(复制)

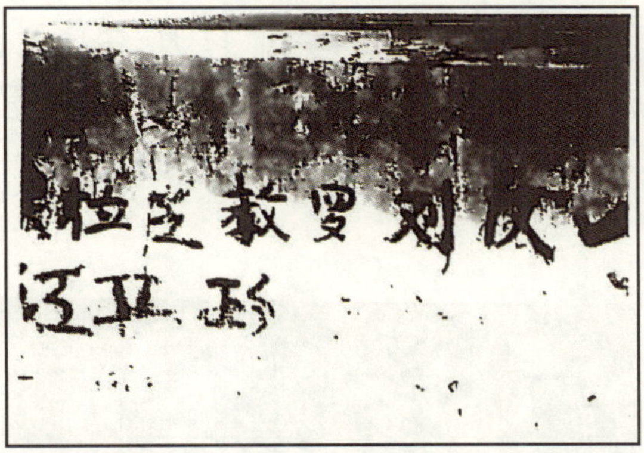

大兴乡枞阳村四组盛芳楚后墙红军标语

三 圣 乡

石门县第一个党支部成立地遗址

石门县第一个党支部成立地旧址在三圣乡杜家岗新开寺（今新开寺中学校园内）。

1925年7月，曾庆萱在武昌中华大学毕业后，返乡在新开寺中学教书，秘密开展革命活动。1925年11月，曾庆萱在新开寺建立党支部，拥有共产党员李贤清、杜一武等10余人。中共新开寺党支部领导了澧阳一带的农民运动，先后成立了刻木寺、官铺、豆儿岗、刘家峪、地坪等农民协会。

石门县第一个党支部遗址——新开寺(今新开寺中学)　王本平摄

石门县第一个农村党支部成立地遗址

石门县第一个农村党支部成立地遗址——刘家峪　来源于石门县委党史办资料

石门县第一个农村党支部成立地遗址位于三圣乡刘家峪。

1926年，中共石门特别支部委员会建立后，遵照中共湖南区委和中共常德地方执行委员会关于“加强党的组织发展”“着手建立国民党县党部”的决定，将其支部委员和一批进步青年骨干派往全县各地。一边发展国民党党员，筹建国民党地方组织；一边秘密发展共产党员，筹建基层党支部。9月，“特支”委员曾庆萱在家乡杜家岗，经过秘密串联，很快发现和培养了一批建党积极分子，先后吸收曾宪尧（又名曾绍堂）、曾宪舜、曾辅臣等人加入中国共产党，建立了石门县第一个农村党支部——中共刘家峪党支部。曾庆萱兼任支部书记。

石门县第一个农村党支部成立地遗址——刘家峪　王本平摄

石门县第一个农民协会成立地遗址

石门县第一个农民协会成立地遗址位于三圣乡两河村刻木寺。

1926年上半年，中共石门县特别支部，根据中共湖南区委作出的《关于农民运动决议案》的要求，派遣一批党的骨干与省农工特派员一道深入全县乡村，秘密联络贫苦农民和贫穷知识分子建立农民协会组织，领导石门农民开展革命斗争。

石门县第一个农民协会遗址——刻木寺　张吉全摄

进步青年学生、共产党员曾庆萱，从大学返回家乡杜家岗后，以教书作掩护，通过走访、座谈、请年客等途径，向农民宣传“穷人要翻身，只有组织起来成立自己的政府进行革命”等道理，使农民很快觉悟起来。曾庆萱率先在全县成立了刘家峪千吉团、乐山同德团、地坪靖和团等农民组织，拥有会员400多人。为了加强领导，提高组织的战斗力，在刻木寺成立了全县第一个农民协会——澧阳区农民协会，由杜易武任会长。

红军刘家峪战斗遗址

红军刘家峪战斗遗址位于三圣乡刘家峪村。

1928 年 9 月 5 日，贺龙率工农革命军第四军从磨岗隘移师刘家峪，军部驻扎在中共石门县委书记曾庆萱叔父曾贤满家。当晚，贺龙召开有军参谋长黄鳌、师长贺锦斋以及中共石门县委书记曾庆萱等参加的军事会议，决定以渫阳区为根据地，积极扩大革命队伍，组织暴动，并制定了组织队伍进攻澧县王家厂、大堰垱的计划。

6 日凌晨，贺龙率领红四军奔袭澧县王家厂、大堰垱，在王家厂捣毁团防队和税务机关，处决了 3 个地主和 5 个税收员，烧毁团防陈汉洲的 10 间房屋及契

红军刘家峪战斗遗址 王本平摄

约。接着又召开了群众大会，将没收的浮财分给了贫苦百姓。红四军一部在大堰垱袭击了兵棍徐耀东保商团，击毙团丁多名，夺枪40余支。红四军回澧阳时，碰到了伍岳楚(团防队)"神兵"，并认出贺龙，当即追赶。贺龙急中生智，掏出一把光洋向"神兵"撒去，"神兵"见钱眼红，争抢光洋，贺龙趁机脱险，回到澧阳。

7日，红四军军部驻扎在刘家峪曾家大院，贺锦斋率主力驻扎在新开寺。当晚，国民党五十二师吴尚、十四军教导师李云杰以及石门团防罗效之和伍岳楚部共2000多人，包围红四军军部，红军发觉时，敌人已经到了眼前。红军手枪队未来得及部署，仓促出击以掩护军部。由于敌强我弱，红军边打边退，贺龙在黄鳌掩护下，突出包围，在端寺垭与贺锦斋接应部队相遇，后北撤走所街，经安溪到泥沙。军参谋长黄鳌不幸中弹牺牲。

红军土地垭战斗遗址

红军彭家堰土地垭战斗遗址位于三圣乡彭家堰村。

红军彭家堰土地垭战斗遗址　王本平摄

1930年4月初，贺龙率红四军从鹤峰出发，计划到湖北公安与红六军会师。4月中旬，红四军进驻澧县王家厂。罗效之部闻讯，调兵遣将，扎营土地垭、歇凤岩、分水岭一线，阻止红军。贺龙根据共产党员曾藩支提供的情报，遂率红军向澧县姚家湾进发。20日拂晓，贺龙指挥覃辅臣率红十一团进攻歇凤岩，张海涛率红十二团进攻分水岭，王炳南、陈协平率红一、四团主攻土地垭，其余部队接应。在红军强劲攻势下，不到1小时，攻占分水岭，2小时后占领歇凤岩。接着右、中路红军拳合一处，绕道彭家堰、夹山溪，从背后包围占据土地垭的敌人。时值中午，敌人已处四面楚歌之中。罗效之左肩中弹，由陈绍南掩护，从滚子坡、茅丝洞、班竹湾逃走。此次战斗，打死敌军30多人，缴枪100多支。

红军彭家堰歇凤岩战斗遗址　王本平摄

红军彭家堰分水岭战斗遗址　王本平摄

红军彭家堰战斗遗址　王本平摄

群益纺纱工厂遗址

群益纺纱工厂　来源于石门县委党史办资料

群益纺纱工厂遗址位于三圣乡刘家峪村。

刘家峪村距三圣乡政府约 10 公里，东接北流溪、白临桥村，南接皂市镇万仞洞村，西接维新镇范银湾村，北接芦茅冲村。

1929 年 4 月，在石门县西北乡恢复党组织，准备暴动的曾藩支、温练之，为策应红四军行动，在杜家岗一带以办群益纺纱工厂为掩护，恢复党组织，秘密开展活动。

群益纺纱工厂遗址　王本平摄

黄鳌烈士墓园

2013 年 4 月竣工的黄鳌烈士墓园　王本平摄

黄鳌烈士墓园位于三圣乡刘家峪村桐子坡。

2013 年 1 月，由县财政安排资金、县委党史办组织、刘家峪村民委员会承建，为黄鳌烈士建墓立碑。2013 年 3 月 18 日，中共石门县委宣传部公布为“石门县爱国主义教育基地”。2013 年 5 月 7 日，被常德市人民政府公布为市级文物保护单位。

黄鳌(1902—1928)，名昭军，字钧德，别号半石，1902 年出生，临澧县北乡伏牛山人(今九里乡同心村)。他8岁入私塾,12岁进入县立高小读书。1920年秋,黄鳌考入长沙甲种农业学校,第三学期转入省立工业专门学校附属中学。1924年5月,考入黄埔军校第一期。他入学不久,在共产党员李之龙、周士第的帮助下,加入了青年团。1924年7月,转为中共党员。

1925年年底,国民党右派成立“孙文主义学会”,与“青年军人联合会”相对抗。1926年3月20日“中山舰事件”发生后,蒋介石乘机解散“青年军人联合会”和“孙文主义学会”,另组“黄埔同学会”,自任会长,由原“孙文主义学会”的骨干把持会务,排斥和打击黄埔同学会中的中共党员。为了打击国民党右派的嚣张气焰,黄鳌在《黄埔潮》周刊发表《黄埔同学应注意的几点》一文,引“经”据“典”,旁征博引,痛斥国民党右派反对孙中山三大政策的行径。

1925年7月,黄鳌被任命为第二军政治部秘书。军政治部主任由军党代表李富春兼任,主任之下未设立副主任一职,日常领导工作概由秘书总揽。二军的前身是谭延闿领导的湘军,与其他军阀部队并无多大区别。为把二军改造成真正的革命军,他在二军司令部编印的《革命》刊物上,撰写了《革命军》《革命军与反革命军》等文章,深入浅出地阐述国民革命军的性质与任务。他针对多数士兵不识字的特点,编写了《士兵认字运动课本》《士兵日记问答》等通俗教材。黄鳌卓有成效的工作,大大加速了第二军

维修前的黄鳌烈士墓　张吉全摄

黄鳌

的改造进程。

1927年春，北伐军沿长江两岸东征。第二军与第六军等部沿长江南岸前进，迅速占领了南京。蒋介石为排斥异己势力，逼迫二军渡江追击敌人，企图借敌之手削弱二军后再将其解散。李富春、黄鳌等风闻南京市发生捣毁市党部、总工会事件，又接到东路总指挥部政治部召集各军政治部科长以上军官开会的通知。他们当机立断，拒绝参加会议，星夜带领政治部及军部留守人员冒雨离开南京，经过23天的艰苦行军抵达湖北黄梅县。

宁汉合流后，黄鳌被迫撤离二军。在党的指引下，他积极从事土地革命斗争，参加了湖北省秋收暴动的组织、领导工作。9月10日，鄂西特委在公安郑公渡召开扩大军事会议，他在会上传达了中央“八七”会议的主要精神，指明了暴动的策略及注意事项。冬，中央军委派黄鳌回湖南任省军委书记，要求迅速恢复组织，积蓄力量，进行新的暴动。他装扮成上海某大学教授，以寒假回湘教补习班为由，和妻子周梦素(化名周菊化)一同回到了长沙。他到长沙后，与军委秘书陈采夫等，先后在盐运坡、源和街、戥子桥9号等处建立秘密据点，决定利用军阀内部的矛盾，准备组织新的暴动。为了更好地隐蔽自己，他们利用敌人盲目自大的心理，最后将省军委机关，迁到长沙市北区警察署的隔壁。他们抓紧时间在这里积极筹措武器和经费，常常通宵达旦。后因接头联络的人过多，引起了敌人的怀疑。狡猾的敌人扮成各式各样的人，白天监视，晚上偷听。在掌握了联络暗号后，敲门蜂拥而入，抄走了正在编制的军事表册和一些文件资料、宣传品，黄鳌、陈采夫等人，当场被捕。面对敌人的刑讯，黄鳌只说自己是上海某大学教授，前来探视妹妹，坚决不吐实情。敌人将信将疑，发函到临澧县调查，在监狱内严密注视黄鳌的行动。

1928 年 1 月 26 日，西征军陈嘉佑部进入长沙，城内一片混乱。陆军监狱、长沙县看守所以及长沙旧监狱的所有犯人，在共产党人的带动下，于 26 日凌晨乘机越狱。黄鳌死里逃生，潜回临澧。黄鳌回到临澧后组织了除“五害”的斗争。当时驻防临澧的部队是第二军四师，由师政治部主任李道宗（中共党员）接任临澧县长。县挨户团副主任赵伯履等想借机发动一次民变，趁乱把李道宗搞掉。黄鳌闻讯，深感赵伯履不除，临澧革命形势难以好转。于是，他秘密与四师政治部的故旧彭侃（代理师政治部主任）、苑志雄（师政治部秘书）、谭醒（团政委）等取得联系，研究对策，并及时向中共湘西特委通报情况，得到了特委书记彭公达的支持，利用举行“五七”国耻纪念大会之机，借助驻军的力量，一举剪除了赵伯履等“五害”。

《黄鳌烈士简历》碑　王本平摄

黄鳌在临澧除“五害”后，受中央军委派遣，任中国工农革命军第四军参谋长。他上任后，协助贺龙对第四军进行了整顿。1928 年 8 月下旬，第四军根据中共湖南省委和湘西特委的通知，为牵制敌十四军对湘东红军的包围和配合石、临、常、桃地区的斗争，东

通往黄鳌烈士墓园的步行道　王本平摄

进石门。9月5日，第四军主力奔袭澧县王家厂、大堰垱一带之敌，7日返回渫阳。主力由一师师长贺锦斋率领驻新开寺，贺龙、黄鳌率军部及警卫人员住刘家峪曾庆萱家。当晚，军部遭到敌教导师和团防2000多人的袭击。黄鳌率警卫人员和游击队阻击敌人，边打边向后山转移，不幸中弹，英勇牺牲，时年仅27岁。

黄鳌烈士墓——石门县爱国主义教育基地铭碑　王本平摄

相关链接：

2014年7月18日，黄鳌将军雕像在黄鳌故里临澧县九里乡同心村落成。

黄鳌将军故里——临澧县九里乡同心村牌楼▶
张吉全摄

①黄鳌将军雕像

②黄鳌将军广场(局部)

③镌刻在黄鳌将军雕像基座上的《黄鳌将军事略》

1992 年，为纪念黄鳌烈士，九里乡政府报请上级部门批准，由肖克将军亲笔题写校名，将九里中学更名为黄鳌中学。▶

本页图片由张吉全摄

曾庆萱烈士墓

2014 年 7 月维修后的曾庆萱烈士墓　王本平摄

曾庆萱烈士墓园位于石门县三圣乡刘家峪村 3 组。

曾庆萱烈士墓园群山环绕，背倚米家塝台地，西为挖断岗山，距三圣乡政府约 10 公里。曾庆萱烈士墓由石门县人民政府于 1984 年 5 月修建，烈士墓坐东朝西，占地面积 34 平方米，高 1.5 米，宽 0.65 米。墓碑上端横刻“永垂不朽”，墓碑竖刻“曾庆萱烈士之墓”。墓冢呈圆形，由青石砌成，墓道前有左右护栏，栏柱高一米，墓地西部 10 米处立有高 2.5 米、宽 1 米的纪念碑一块，上刻“曾庆萱烈士生平简介”。2014 年，石门县委党史办牵头，县财政局安排资金，刘家峪村对烈士墓进行维修扩建，在墓周新建了纪念广场及花池，制作了工程纪念碑，整个墓园占地约80平方米。

曾庆萱烈士墓于1984年5月被石门县人民政府公布为县级重点文物保护单位,2007年6月被常德市人民政府公布为常德市文物保护单位。2014年7月23日被中共石门县委党史办明确为石门县中共党史教育基地。

曾庆萱(1901—1928),字佰祥,号树言,乳名周生,1901年12月4日生于三圣乡杜家岗刘家峪村。从小身材健壮,性格豪爽,不信鬼神,绰号“周大王”。

1922年夏,曾庆萱考入武昌中华大学。他除发奋读书外,常参加学生社团组织的活动。在进步师生的影响和帮助下,常以救国救民为己任,激励自己要“为民之子牛,造福人类”。1924年,他被发展为中共党员。第二年因参加党的活动被捕。

曾庆萱烈士墓(维修前)　王本平摄

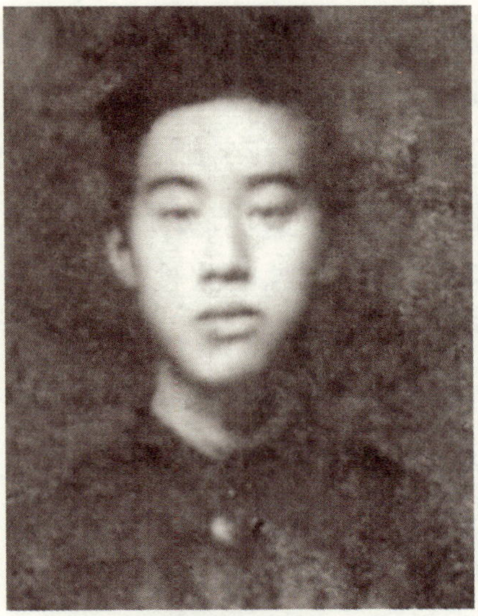
曾庆萱烈士

经党组织营救出狱后，被开除学籍。他被派回石门，秘密从事党的工作。

1926年7月，中共石门特别支部成立，曾庆萱任宣传委员，并担任国民党县党部工运部部长。他积极在县城组建县总工会，并被选为会长。10月，根据中共湖南区委指示，“特支”升格为县委，任县委委员。

曾庆萱在中共常德地方执委特派员郭天民的指导下，首先在家乡发展党的组织，吸收了曾宪尧、曾宪舜、覃辅臣等人为共产党党员，成立渫阳党支部。其次是在各地大办农民协会。他一面利用父亲在1927年“上九日”(农历正月初九)宴请亲朋的机会，在筵席上宣传各地工人运动和农民运动兴起的革命形势，劝说大家要办好农民协会，又一面趁热打铁，发动农民群众在刘家峪、杜家岗、地坪等6个乡建立了农民协会。他在刻木寺召开大会，成立渫阳区农民协会，推举杜易武为会长。在他的倡议下，妇女会、儿童团等民众组织也相继成立，全县很快形成农民运动的高潮。

“马日事变”发生后，曾庆萱回到家乡，组建农民武装开展武装斗争。1927年7月，中共湖南省委派伍伯显到石门恢复县委，曾庆萱被任命为县委委员。他在家乡组织了一支50多人的游击队，并把罗效之掌握的100多人的农民自卫军也争取过来。他的活动引起了石门、慈利团防的注意。一天，他得知刘家峪来了团防队的密探，知道敌人要对自己下毒手，便立即带领游击队隐蔽到二墩山的丛林里。

果然，第二天凌晨，石门、慈利两县600多团丁，荷枪实弹来到刘家峪，将他的家曾家大屋团团围住。见里面空无一人，便洗劫后，放火烧屋。曾庆萱带领游击队在杜家岗附近的古老尖山伏击了部分返回的敌人，打死团丁多名，缴枪 9 支。

1928 年 1 月，根据中共湘西特委关于在石门发动“年关暴动”的指示，曾庆萱与刘家峪党支部计划在农历新年期间，镇压一批民愤极大的土豪劣绅，并成立了有 20 多人参加的惩凶队。曾庆萱带领惩凶队烧掉了警察所所长的房子，镇压了 7 个土豪劣绅。他毫不留情地将岳父列为镇压对象，亲自带领惩凶队趁夜将其处决。群众拍手称快，说他大义灭亲，干得好。

同年 5 月，曾庆萱与袁任远等领导了在南乡组织的武装暴动，解决了驻寺垭铺的警备队武装，使“省垣为之震惊”！接着，他趁夏家巷团防局团丁外出抓人之机，与陈寿山等人带领游击队袭击团防局，处决了团总梅春圃、“征收暴徒捐”委员陈海秋、恶霸阎谷生，缴获步枪 4 支。为了更广泛地开展游击战争，他与袁任远等以花薮区和夏家巷的武装力量为基础，组建了湘西工农革命军第四支队。

9 月 8 日拂晓，石门、慈利的团防伙同国民党五十三军吴尚部会剿在刘家峪的贺龙部队，红四军参谋长黄鳌在激战中牺牲。曾庆萱为掩护贺龙率领部队向新开寺方向撤退，与前来接应的贺锦斋部同尾追的敌人激战 3 小时，击毙了团防队队长。贺龙率部经泥沙进入湖北以前，任命他为湘鄂边区游击司令，留在石门坚持斗争。他带领 10 多名游击队员隐蔽在深山丛林，风餐露宿，与敌周旋。

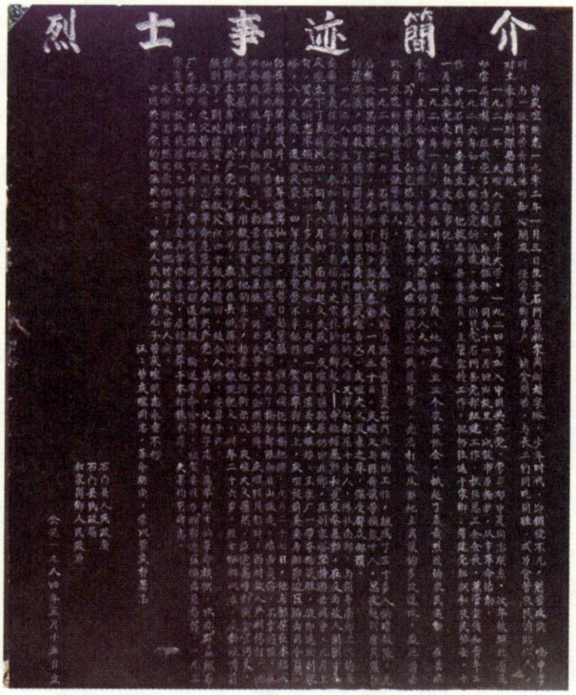

《(曾庆萱)烈士事迹简介》碑　王本平摄

9月28日，曾庆萱和游击队员在八仙桥伍本林家做午饭时，被石门团防局的便衣短枪队包围，曾庆萱命令队员撤往后山，自己在后阻击，不幸中弹被俘。石门县当局对他进行了12天的刑讯，一无所获。10月11日，他被敌人用铁丝穿着双手，捆绑在粪筐上，抬着“游街示众”后，在蒋家洲被杀害，年仅27岁。

曾庆萱小学旧址　王本平摄

曾藩支烈士墓

曾藩支烈士墓位于三圣乡株木岗园艺场。

曾藩支(1875—1930),派名曾宪苓,字君言。1875年生于三圣乡杜家岗中坪村刘家峪。曾任新河区团总、县参议会审议长、新河区立高小学校长。

1927年1月,曾藩支支持儿子组建农会,发展党员,建立党组织。他也加入了中国共产党,并担任官渡区游击队队长。贺龙进军石门后,他喜迎贺龙工农革命军驻扎在自家大院,为其补充兵员,筹措军响。他动员儿媳龚梅兆(曾庆萱之妻)走出家门,组建妇女联合会。后被选为县妇女联合会会长。

曾藩支烈士墓碑　张吉全摄

1928年9月,红四军参谋长黄鳌与敌浴血奋战,壮烈牺牲在自家门口。10月,时任中共石门县委书记的儿子曾庆萱又被敌人杀害,房屋也被反动派付之一炬。他强忍悲痛,接过儿子手中的枪,率领游击队转战湘鄂边界。1929年4月,湘鄂西前委任命曾藩支为湘鄂边游击队总指挥后,返回石门北乡恢复党组织,准备举行新的暴动。

为巩固苏维埃政权，做好红军保障工作，曾藩支与慈利地下党员温练之在刘家峪创办“群益织布工厂”，以办厂作掩护，招收游击队员，扩大武装力量。

1930年4月初，贺龙率红四军从鹤峰出发，到湖北省的公安县与红六军会师。在湖北松滋刘家場、西斋、街合子一线，遭公安县团防和国民党独立第十四团、石门团防罗效之部、澧县团防刘铭武部约4000人的三面包围，处境万分险恶。红四军侦察了解到石门、澧县一带国民党部防务空虚，又有共产党员、湘鄂边游击队总指挥曾藩支的配合，可提供情报和物资保障。因此，贺龙决定采用弃西

曾藩支烈士墓地　张吉全摄

北之敌，南捣罗效之部的军事行动方案。是月中旬，红四军进驻澧县王家厂，罗效之闻讯，急忙调兵遣将，扎营土地垭、歇风岩、分水岭一带，妄图一举歼灭贺部。曾藩支派游击队交通员敖次元将罗部军事布防情况速报贺龙。贺龙趁罗部立足未稳，率红军先发制人。20日拂晓，贺龙派覃辅臣率红十一团攻打歇风岩，张海涛率红十二团围剿分水岭，王炳南、龙在前、覃甦率红一、四团主攻土地垭，曾藩支率游击队抄后路，相互接应。罗效之自恃有备无患，正在安营造饭，突然，枪声大作，红军发起强劲攻势。激战7个多小时，罗部溃不成军。红军毙敌30多人、俘虏70余人，缴获步枪100余支。罗效之左肩中弹，狼狈逃窜。

土地垭之战后，曾藩支率游击队返回群益织布工厂，继续开展革命斗争。罗效之视群益织布工厂为"暴徒""共匪"窝子，多次密谋围剿。温练之被迫离去后，曾藩支又与曾学斋等人继续以办厂为名开展地下活动。后因恶霸曾贤廷密告，反动头目伍岳楚将曾学斋捕杀。曾藩支无法办厂，解散游击队员，各自投奔红军。他在寻找党组织和红军的途中，被敌人发现。在皂市骆家溪，曾藩支被反动派捉住杀害，时年55岁。

岗市中学红军标语

1935 年 9 月至 11 月，红军在石门集结整训扩红 70 余天，开展了一系列政治宣传工作。红二军团驻扎岗市时，在岗市中学的墙壁上写下“一切反日反蒋的民众联合起来！”“实行土地革命！”“打倒卖国巨魁蒋介石和国民党南京政府！”“当红军最光荣！”等标语。

岗市中学旧址。一九三五年红军驻此，该楼房内外墙上红军标语较多

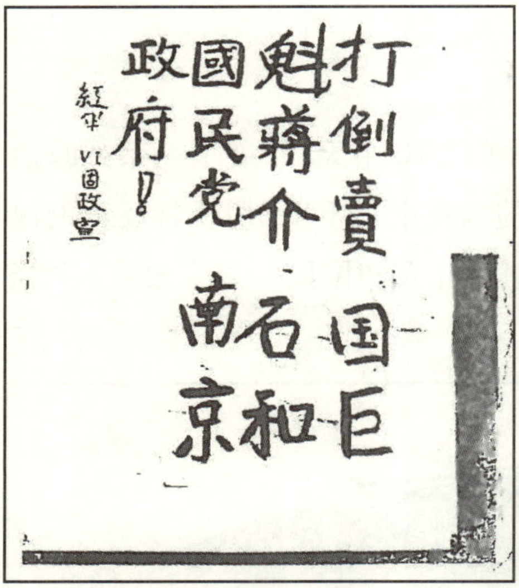

原岗市中学楼上墙壁红军标语(复制)

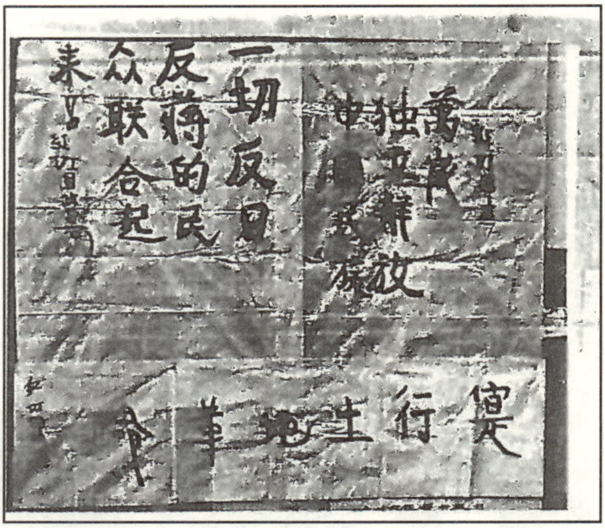

原岗市中学楼上墙壁红军标语(复制品)

原岗市中学楼上墙壁四周红军标语

子 良 乡

向鲁卿烈士纪念碑

向鲁卿烈士纪念碑位于子良乡螺丝峪村。

向鲁卿（1902—1933），派名业德，1902年出生于子良乡螺丝峪。少年时代，曾在向氏祖祠、螺丝峪小学、子良高小读书。1921年，石门中学毕业，在螺丝峪小学任教。一年后，又在太平街回龙寺高小担任体育、音乐课老师。1923年，“旅大事件”爆发，各地学校师生开展反日活动，子良坪各校师生集会于子良坪听讲演，向鲁卿负责整理队伍，指挥唱歌。

向鲁清（卿）烈士纪念碑　文希国提供

1924年，向鲁卿投笔从戎，考入黄埔军校第二期。毕业后，到澧州镇守使唐荣阳部服役。

1927年冬，向鲁卿离开

澧州回到石门，在县城西门巷陈顺生旅馆住了较长时间，与石门中学教师、中共党员宋人杰、苏清镐等相识，频繁往来，接触了革命思想，对共产党有了进一步了解。一次，在石门中学读书的外甥到旅馆去看望他时，向鲁卿鼓励外甥要追求进步，争取早日加入中国共产党。后来，向鲁卿去了慈利。1928 年农历正月返回石门，仍住西门巷陈顺生旅馆。其间，国民党当局加紧清洗共产党员，驻常德的贵州军阀四十三军的宋团长认为向鲁卿有共党之嫌，将他驱逐出县城。

向鲁卿回到家乡子良坪，心灰意冷，打算就此躬耕为乐，安分守己，过清闲日子。当时，湘鄂边境土匪猖獗，民不聊生。向鲁卿放弃图清闲的想法，倡议组织地方武装，乡邻一呼百应。在征得子良坪区团防的准许后，向鲁卿挑选精壮男丁 10 余人组成“子良坪义勇队”，自任队长。义勇队多使用鸟铳、大刀、梭标之类，但经过他的严格训练，战斗力强，成为护卫乡邻的武装力量。一次，他率队路过子良，发现几个散兵抢劫百姓财物，便将他们就地处决。后来，“子良坪义勇队”发展到 20 多人，区团防对向鲁卿的人品和才干十分赏识，委任他为子良坪团防局副局长。

1929 年 10 月，贺龙率红四军游击石门。石门保安团长罗效之立即带领一队人马赶到子良坪，找向鲁卿密谈，要生擒贺龙。向鲁卿曾与贺龙有过交往，仰慕其名，但又不敢得罪上司罗效之。便来个缓兵之计，一面盛情款待罗效之，表面答应效劳；一面暗派亲信星夜送信给贺龙。贺龙得到向鲁卿密报，立即调兵遣将，在高阁台至鸡公桥一带山岗及沱水北岸设下埋伏，把来偷袭的罗效之团防部队打得落花流水。贺龙知道向鲁卿足智多谋、文武双全，是难得的人才，便派人给向鲁卿送去亲笔信，邀请他参加红军。向鲁卿虽觉得这是救国救民、施展抱负的好时机，但又害怕一朝为“红脑壳”，当地土著武装必定加害全家。便借口“父母在，不远游，要养老送终”婉言推辞。贺龙知道他内心矛盾，便来个将计就计，逼向鲁卿就范。

1985年3月20日，中华人民共和国民政部签发的向鲁清(卿)革命烈士证明书。

1929年11月下旬的一天拂晓，红军一个排突然包围了向鲁卿住宅，高呼："活捉反动团防向鲁卿！"向鲁卿趁大雾从后门逃脱。红军将其父亲、哥哥及族亲数十人抓起来押到红军指挥部，责令向家出2万元取人，或要向鲁卿来换人。向鲁卿十分懊悔有眼无珠，错爱了贺龙这"忘恩负义"之人。几天后，向鲁卿接到父亲来信："情况危急，速来接我，否则全家性命难保……"向鲁卿是孝子，决定只身前去接父亲。走到半路上，几位红军战士一拥而上，将向鲁卿五花大绑押向指挥部。走到鸡公桥时，只见红军夹道欢迎，一位红军团长亲自为向鲁卿松绑，连连道谦："委屈你了，这是前来欢迎你的全军排以上干部，请快上马。"俩人并辔前行。向鲁卿百思不解其意，正想问个究竟，不觉已到红军指挥部。突然间，鞭炮齐鸣，掌声不绝，向鲁卿抬头便见贺龙满面春风与他父亲携手走出大门，多病的父亲也精神矍铄，其兄与亲戚随后，个个笑逐颜开。向鲁卿不知贺龙葫芦里装的什么药，他刚下马，贺龙便迎上前来，歉意地说："久仰！久仰！有失远迎，让你受惊了！"向鲁卿猛然悟得贺龙"捆绑"的良苦用心。他见贺龙如此礼贤下士，更添几分敬意，满面羞愧地说："承蒙军长不弃，我来迟了！"贺龙当即设宴欢迎向鲁卿弃暗投明。第二天，贺龙命人抬来一箩筐鞭炮，欢送向鲁卿的父兄及亲人回家，贺龙派人送了一程又一程，一直送到2公里外的高阁台。此后，贺龙任命向鲁卿为待从副官，不离左右。不日，贺龙率部开往南北镇，有人笑问贺龙："军长，这次下去得到了什么？"贺龙指指向鲁卿夫妇，风趣地说：

“我没得到什么,就得到这两个好宝贝。”惹得众人捧腹大笑。

向鲁卿参加红军后,跟随贺龙辗转征战,屡建功勋。1930 年 4 月,红四军主力东进,遭敌三面包围。前委决定,首先肃清石门保安罗效之部,打开一条通道。红四军从湖北松滋刘家场、西斋回到澧县王家厂,罗效之急忙率人马从磨岗隘来到三圣庙,在土地垭、歇风垭、分水岭一带,筑工事,设防线,妄图阻止红军。石门共产党地下组织和游击队负责人曾藩支及时向贺龙报告罗效之兵力分布情况。5 月 20 日晚,红军前进至澧县皮家桥,根据敌情详细部署破敌方案。向鲁卿主动请战打分水岭。次日拂晓红军在姚家湾借助大雾弥漫的天时,迅速摆好阵势。罗部自恃有备无患,正在安营做饭,红军出其不意,发起猛烈进攻。向鲁卿身先士卒,率部所向披靡,不到一个小时就占领了分水岭,冲破了敌人的防线。罗效之左肩中弹,由马夫背着窜逃。红军毙敌 30 多人、俘虏 70 余人,缴获步枪 100 余支。

1930 年 7 月,红四军与红六军会师后整编为红二军团,向鲁卿被任命为红二军四师参谋长。不久,调任红六军十七师四十九团团长。1931 年 3 月,向鲁卿调任红三军第八师二十团团长。10 月,红军从洪湖分三路进军天门岳口。岳口地处交通要道,经济繁荣,敌人一向派重兵把守,是红军巩固扩大洪湖革命根据地的一大障碍,非除掉不可。当时,驻防岳口的有国民党 41 师芮其学 3 个营 12 个连,外加一个机枪连和一个追击炮连,总兵力 1000 多人。护城水沟里插满尖竹桩等物,外面拦有一层铁丝网。城内得月楼几处制高点架设有迫击炮,层层岗哨,壁垒森严。三路部队会师后,贺龙召开干部会议,制定作战方案。大家认为,敌人占领了有利地势,又与群众混杂在一起,如果用炮打,将损坏民房,伤害无辜群众;如果用炸药包炸碉堡,红军战士必将付出较大的代价。为了做到既要攻下岳口,又要尽量减少损失,大家绞尽脑汁想办法。向鲁卿顷刻间眉头舒展,面露喜色。贺龙见状忙问:“鲁卿,你有什么好主意?说出来!”向鲁卿神秘一笑,说:“我要用老祖宗的‘火牛阵’。”他把想法全说出来,大家都高兴地称赞:好主意,好主意!

7日上午10点，战斗打响。红军很快占领了市郊，两军相持到黄昏。敌人以为红军收兵回营，从而放松了警惕。突然，红军阵地上锣鼓喧天，鞭炮齐鸣，杀声四起。敌人不明白是怎么回事，只见无数头黄牛角绑尖刀，尾冒火星，以排山倒海之势，冲破了铁丝网，狂奔而来。红军战士如猛虎下山，将门板、棉絮铺在铁丝网上，冲入敌阵。

战斗持续到翌日拂晓，红军占领了整个岳口，大获全胜，缴获敌人大批武器、弹药和食品。

1932年2月，敌人调集2万余人的兵力，围歼红三军。红三军3个师。7个团迅速调集襄北迎战。3月下旬，一场以红军7个团对付敌人14个团的大规模阵地战开始了。3月30日上午，敌军先头部队抢占了瓦庙集、梅家湾一带村庄。红八师、九师随即投入战斗，背靠猴迹山、佛祖山、龙尾山，从瓦庙集西北各高地和梅家湾、魏家场以西地区全线向敌发起猛烈进攻，并以一部插入敌军两支队伍的中间地区。31日下午，向鲁卿率部随七师主力进入战斗，从阮家沟向东攻占了何家港、张家港、代家河一线。同时，九师一部也进至敌军阵地左翼，形成了对敌第二支队的合围。在红军的猛烈打击下，敌人由进攻转入防御。敌人在所占村庄和丘陵地带拆屋砍树，构筑工事，设置壕沟障碍，架设铁丝网，掩埋地雷，并派飞机不断向红军轰炸、扫射。眼看红军被围困，断了粮草，向鲁卿又想起“火牛阵”来，贺龙立即采纳，令人把附近马牛羊狗全收来，头上绑刺刀，屁股上挂鞭炮，一声令下，鞭炮齐响，牲口受惊，一齐冲向敌阵。顿时，地雷轰响，铁丝网炸崩，阵地上尘土飞扬，杀声震天，敌人乱了阵脚，红军乘机突出重围。向鲁卿的大智大勇使红军转危为安，夺取了胜利。

1932年冬天，向鲁卿曾秘密回老家子良坪一次，探望父亲和家人，那知成了他与家人的最后见面。不久，在洪湖突围中，向鲁卿壮烈牺牲。

磨 市 镇

王尔琢烈士旧居

王尔琢旧居　王本平摄

王尔琢烈士旧居位于石门县磨市镇王官桥村(原王尔峪村)1组。

旧居为砖木结构,穿斗式架构,小青瓦硬山顶,占地面积约260平方米,有堂屋、书房、卧房、侧屋等间,主房前檐较高,中为堂屋。

王尔琢烈士旧居于1998年12月被石门县人民政府公布为石门县文物保护单位。1995年11月被石门县委宣传部公布为石门县爱国主义教育基地。2013年5月,被常德市政府公布为市级文物保护单位。

王尔琢(1903—1928),生于1903年1月23日,石门县南岳王官桥人,中共党员,红军早期杰出的将领之一,曾被毛泽东誉为“功不可没”。

王尔琢

王尔琢少时入官桥国民小学、县立初级中学校读书。18岁升入长沙湖南高等工业学校。1924年考入黄埔军校第一期。同年底,经周恩来介绍加入中国共产党。曾参加平定广州商团叛乱、讨伐陈炯明及镇压滇桂军阀杨希闵、刘震寰的战斗。毕业后,留校任学生队分队长。

1926年3月20日,蒋介石借故扣押了中山舰舰长李之龙(共产党员),以此为信号,向共产党示威。王尔琢与蒋先云、陈赓一道,除了与蒋介石展开三次舌战之外,还借用学校和社会上的舆论工具,披露这一事件真相,使身为一校之长的蒋介石气得大骂"娘希匹"。一天,蒋介石把王尔琢叫到他的办公室,恩威兼施,想将他拉过去。王尔琢却不吃那一套。蒋介石又骂他是个不听话的学生,他也毫不示弱。

当年夏,王尔琢随部参加北伐战争。先后任国民革命军第三军第三师党代表、东路军先遣军党代表兼政治部主任和二十六团团长。9月,率部进入江西。在三次攻打南昌的战斗中,奋勇杀敌,屡立战功。在攻占浙江桐庐战斗中,左手负伤仍坚持指挥战斗,表现十分顽强。1927年春,王尔琢率部向上海挺进途中,蒋介石委派两位亲信以擢升军长之高官相许,企图拉拢他加入国民党,被他坚决拒绝;获悉蒋介石将对他下毒手的密令后,他带领所部部分共产党员一同出走,于5月下旬辗转来到武汉。同年7月,随周恩来奔赴南昌,秘密从事起义前的准备工作。

王尔琢参加了"八一"南昌起义,任起义部队第十一军第二十五师第七十四团参谋长,率部在南昌郊外德安车站缴获了张发奎警卫营的全部枪支,并将部分士兵编入起义部队。在随起义部队南下广东的途中，奉命留守三河坝，以掩护主力分路转移。其间，他手持刀枪，率领敢死队冒着枪林弹雨，一口气冲进敌人的指挥部，成为冲锋陷阵的英雄之一，受到周恩来和总指挥贺龙的夸奖。10月1日，在朱德统一指挥下，率部于三河坝与敌激战三昼夜，然后突围至饶平附近。在起义军遭受重大挫折的情况下，与朱德、陈毅一道率余部转战于闽赣粤湘边界地，继续坚持游击战争。

1928年1月，朱德、陈毅等在中共湘南特委的配合下，发动了遍及十余县的湘南起义。王尔琢先后参与指挥在岩泉墟和坪石一带全歼敌许克祥部两个团，并攻克郴县、资兴、永兴、耒阳等县城。同年3月，还曾在敖山庙设伏，诱敌入瓮，全歼追敌一个团，胜利完成了掩护朱德、陈毅率主力上井冈山的重任。同年4月底，随部上井冈山，开始参与创建井冈山革命根据地的斗争。

通过多次战斗考验，朱德慧眼识贤，发现王尔琢真不失为一位将才，便破格委任他为军参谋长，为当时最年轻的指挥官之一。王尔琢以出色的军事才干，为朱德出谋划策，在郴州创建了革命根据地，一举取得了“湘南暴动”特大胜利。

紧接着，王尔琢又与时在井冈山的毛泽东联系，及时促成宁冈县砻市“朱毛”会师，使中国革命进入大转折。会师后，朱德任红四军军长兼第十师师长，毛泽东任党代表兼一师师长，王尔琢任参谋长兼二十八团团长。有一次，毛泽东指着王尔琢对时任中共湖南省委特派员杜修经取笑道：“别看他长发长胡，可他还是个20刚出头的英俊小伙子呢。”杜修经回答说：“我们是老乡，早熟悉了。”毛泽东又风趣地说：“啊！老乡见老乡，两眼泪汪汪。”

井冈山斗争，王尔琢始终坚持“朱毛”路线，从1928年5月以来的连续三次反围剿斗争中，由于他英勇善战，指挥有方，几次率部打入虎穴，痛击敌人。同年6月上旬，王尔琢率部向酃县佯攻，一举占领十都、水口、沔渡等地后，即回宁冈大陇集结。赣敌以为红军远出湖南，便乘机进入根据地。王尔琢当机立断，亲自挑选

王尔琢革命烈士证明书　张吉全摄

作战勇敢、有作战经验的党员、骨干100余众先锋队,以迅雷不及掩耳之势一阵冲锋,抢先占领制高点。此时埋伏在白口武功潭的红三十二团突袭敌指挥部,红二十七团直抄龙源口,早已守株待兔的新七溪岭上的红军凌空而降,四面夹击敌军。很快结束战斗,歼灭敌人一个团,缴获枪支1000余支,创造了龙源口大捷奇功。继而又先后打垮赣军第九军二十七师杨如轩、二十六师杨汉生以及湘军第八军吴尚的主力团张进兮部,一时名声大震。

王尔琢不仅在战场上英勇顽强,而且对党内的错误路线也从不妥协。1928年7月,中共湖南省委派杜修经等人上井冈山,命令红军下山进攻湘南郴州。王尔琢认为这是一条错误路线,一针见血地指出:“二十九团部分官兵正想撤回宜章老家,而守敌范石生等人的实力甚为雄厚,如此盲目进攻,无异于以卵击石,势必造成我军重大损失。”拒不执行命令。

杜修经先是认为王尔琢目无军纪,后通过面谈,认定他坚持真理,只好回省委复命。可惜,王尔琢的意见没有引起省委的重视,仍强令王尔琢率二十八团随二十九团于8月攻打湘南。王尔琢无奈,只好违心地领兵出击,结果钻进敌人口袋内,几乎全军覆灭,酿成“八月失败”的悲剧。在这危急关头,王尔琢冒着杀头危险,抗拒命令,将部队撤至桂东县,避免了更大的损失。时为党中央委员的毛泽东闻讯后,亲率三十一团的伍中豪营,经酃县赶到桂东,与朱德、陈毅会合。王尔琢重回井冈山,毛泽东抓住他的手激动地说:“你王尔琢保存了二十八团,功不可没啊。”

就在二十八团重返井冈山的途中,王尔琢的二营营长袁崇全煽动炮兵连及第五连少数官兵叛变革命,率队逃走。面对这一复杂的斗争形势,军委中多数人主张就地消灭叛军。时为红军营长的林彪一时沉不住气,拔枪欲追。王尔琢却挥手制止说:大部分人是受蒙蔽的好人,应争取过来。”他一再强调:“如果内部再打,损失更大,他们是受了骗,真正的罪魁祸首是袁崇全。还是我亲自去把他们接回来。”毛泽东和朱德都觉得此去凶多吉少,劝他不要去冒险。王尔琢却深情地说:“我万一有个三长两短,也无所谓。只要能除掉叛徒死也值。”

王尔琢于8月28日半夜时分,一口气追到崇义县思顺圩。叛军闻知,得知末日将临,负隅顽抗,开枪反射。王尔琢冲在最前面,对他们大声喊话:“我是你们的团长王尔琢,专门接你们来的,快跟我回去吧!”边进边喊,反复多次。士兵听其声,停止了射击。袁崇全知道大事不妙,一边逃窜一边向王尔琢射去两颗子弹,王尔琢当即倒下马来。叛徒的罪恶枪声和烈士的鲜血催醒了两个连的士兵,认清了袁的真面目,一齐调转枪口对准凶手,可袁却逃得无影无踪了。觉悟过来的官

磨市镇王尔琢小学　王本平摄

兵抬起王尔琢的尸体，痛心疾首地回到二十八团。

王尔琢牺牲时年仅25岁。他的去世是我军的重大损失。朱德挥泪长叹：“我军失去一位能将啊！”毛泽东流着泪水对他作了极高的评价：“王尔琢的牺牲，换回了两个连，稳定了红军，挽救了革命。”并以笔抒情，亲手为他写了一副挽联：

一哭尔琢，二哭尔琢，尔琢今已矣，留却重任谁承受；

生为阶级，死为阶级，阶级后如何?待到胜利方始休。

全国解放后，江西崇义县人民政府为王尔琢立碑，肖克将军为墓碑题字。

为了纪念王尔琢烈士，磨市镇人民政府把王官村小学更名为王尔琢小学。

2009年9月10日，在中央宣传部、中央组织部、中央统战部、中央文献研究室、中央党史研究室、民政部、人力资源社会保障部、全国总工会、共青团中央、全国妇联、解放军总政治部11个部门联合组织的“100位为新中国成立做出突出贡献的英雄模范人物和100位新中国成立以来感动中国人物”评选活动中，王尔琢被评为“100位为新中国成立做出突出贡献的英雄模范人物”之一。

相关链接：江西省崇义县王尔琢烈士陵园

王尔琢烈士陵园坐落在崇义县思顺乡思顺村虎形岭上。

王尔琢是红军初创时期的著名战将，他自黄埔军校毕业后，参加了北伐、南昌起义、湘南暴动和井冈山斗争。1928年湘赣边界“八月失败”后，毛泽东率领红四军一部前往湘南迎还红军大队。红军大队在返回井冈山途中，二十八团第二营营长袁崇全叛变，红四军参谋长兼二十八团团长王尔琢在崇义县思顺圩追回部队时，被袁崇全枪击，不幸牺牲，年仅25岁。同时牺牲的还有一位红军连长和一位红军战士。三位烈士遗体合葬于思顺圩背虎形岭。

1968年，崇义县人民政府在思顺圩虎形岭上树碑纪念，1969年简易修建王尔琢烈士墓，1983年在距原址右上侧10米山顶重修，用大青石塑制墓棺，墓前竖有墓碑，由全国政协原副主席肖克题名“王尔琢烈士之墓”。2006 年 12 月“王尔琢烈士墓”再次重修，墓地四周下挖 0.8 米并建有花带。墓棺用青瓷砌成圆形，正后方建有碑墙，镶嵌王尔琢烈士遗像及生平事迹简介碑刻。并正式命名为“王尔琢烈士陵园”，由原中顾委委员、昆明军区原政委、崇义籍将军谢振华亲笔题名。1987 年 3 月，列为江西省重点烈士纪念建筑物保护单位。1992 年 10 月，列为崇义县文物保护单位。2004 年 12 月，命名为赣州市爱国主义教育基地。

王尔琢烈士陵园

王尔琢烈士事迹碑文

位于江西省崇义县思顺乡虎形岭上的王尔琢烈士墓

王尔琢烈士牺牲地——江西崇义思顺墟场

本页图片由谢应林摄

陈振亚烈士旧居

维修后的陈振亚烈士旧居　王本平摄

陈振亚旧居位于石门县磨市镇黄龙岗村2组。

旧居坐西朝东，木质结构，穿斗式构架，小青瓦硬山顶，面阔3间，进深2间，有堂屋、书房、卧房及茅屋。建筑面积约240平方米。

陈振亚(1903—1941)旧居于1998年12月被石门县人民政府公布为石门县文物保护单位，2007年6月被常德市人民政府公布为常德市文物保护单位。

陈振亚，原名陈苏，派名陈嘉观，1903年12月13日出生于磨市镇黄龙岗村。

1923年，他离开家乡，到湘东第二师当兵。1926年5月，陈振亚在国民革命军第八军当班长，跟随北伐军攻占武汉。此时，他认识了共产党员黄公略，两人因是

陈振亚

同乡又志同道合，遂成为知心朋友。陈振亚要求加入黄公略所在的部队。并担任排长。黄公略很器重他，有意培养他。1928 年 7 月 21 日，黄公略领导驻嘉义镇的第三团第三营举行起义，随即又赶到平江与彭德怀率领的第一团会合，参加 7 月 22 日的“平江起义”。起义的第二天，他就由黄公略介绍加入中国共产党，他多年的追求和愿望实现了。这时陈振亚任四团五连连长，8 月，又担任连党支部副书记。

9 月，由于起义部队减员较大，遂将原来 3 个团整编为 5 个大队。1928 年 10 月，红五军在突破敌人包围圈后，向井冈山进发。这时红五军的 5 个大队已编为 5 个纵队，陈振亚担任二纵队第六大队副大队长兼中队长。1929 年 4 月中旬，红五军第二纵队同湘鄂赣边区部分赤卫队合编为湘鄂赣边区红军支队，下编 3 个纵队，陈振亚担任 3 纵队 7 大队队长，兼任铜(鼓)、万(载)、高(安)地区临时游击总指挥。

陈振亚烈士旧居(维修前)　王本平摄

1929 年 11 月，红五军主力返回湘鄂赣边区。部队进行了整编，湘鄂赣边区支队重新编入红五军，陈振亚也回到红五军。

1930 年 1 月 18 日，

陈振亚旧居之“陈振亚生平展”　王本平摄

红六军成立，陈振亚作为43名高级干部之一从红五军调到红六军。1930年7月，红六军改为红三军，编入红一军团。8月中旬，陈振亚在万载的战斗中左腿负了重伤。他在湘鄂赣军区医院躺了近3年。1933年1月，他担任了湘鄂赣军区医院政委。后来他又转到湘赣医院治疗。由于伤势过重，医生只好将他的左腿截断。

1934年3月，湘赣军区政治部任命陈振亚担任湘赣医院政治处主任。他在相当艰苦的环境下，创办了医院职工政治训练班。他伏在床上写教材，架着双拐上课，经常批改作业到深夜。1934年10月，第五次反“围剿”失败，敌人放火烧山，到处捉人。陈振亚因行动不便而被俘。

陈振亚假冒是红军俘虏的张辉瓒部的士兵。敌人看他是残废，信以为真，将他解到莲花县政府，又由莲花县政府辗转押回石门原籍，经亲友保释，才得以出狱。1935年夏，亲友介绍他到平民工厂学缝纫技术。

陈振亚以平民工厂工人的公开职业作掩护，秘密开展革命活动。他在工厂建立了秘密党支部，自任负责人。发展了7名共产党员，领导工人开展了各种形式的斗争。

1935 年 9 月初，红二、红六军团将主力撤出津澧，集结于石门西北地区整训扩军。陈振亚秘密地来到红六军团，见到了王震等，向王震详细地汇报了自己被俘经过及组织秘密党支部的经过。王震对陈振亚给予了很高评价。王震还给了他 3 两黄金作为活动经费。陈振亚又给湘鄂川黔省委书记任弼时写书面报告，得到了任弼时的工作指示和拾元大洋，任弼时还指示红二军团第六师给陈振亚 25 块钱，并派红十八团三营贺营长到陈振亚处同他建立了联系。红二、红六军团在石门活动 2 个多月期间，陈振亚和党支部为红军做了许多工作。

红军离开石门时，陈振亚输送了 5 名党员参加红军。他本想自己也跟随部队西征，贺龙和关向应同他谈话，因他左腿残疾不便长途行军作战，又因他在当地有较好的群众基础，劝他暂时留下坚持地下斗争，待和中央红军会合后，再来调他。陈振亚服从安排，留了下来。红军又介绍他同地下党组织取得了联系。

维修前陈振亚烈士旧居之“陈振亚生平展”　王本平摄

陈振亚、张文秋夫妇　来源于石门县委党史办资料

红二、红六军团长征不久，厂方认为陈振亚是扩红积极分子，怕遭连累，就把他开除了。

1937年8月，陈振亚得知国共合作的消息，又收到了关向应的来信，于是卖掉父亲的棺木，用其30块光洋作盘缠，历尽艰辛，一条腿千里迢迢奔赴延安，重新回到了党中央怀抱。

陈振亚到达延安后，进入抗大第三期二大队四队学习。陈振亚十分刻苦，从不误课。学习笔记、心得体会工工整整地记了几大本。星期日，他常常架着双拐到5公里以外的总政宣传部去借书。他窑洞中的灯光，经常亮到天明。他学习成绩优异，同志们都称他为“工农出身的知识分子”。

在抗大学习期间，经林伯渠介绍，陈振亚认识了张文秋（张一平）。不久，他们结成革命伴侣，建立幸福家庭。

1938年，陈振亚任一一五师后方留守处政治部主任。后成立了八路军荣誉军人学校，陈振亚任该校政治部主任。

1939年5月，栒邑国民党军伙同地方反动武装挑衅，在边区地带制造了“栒邑事件”。陈振亚架着双拐亲临阵地指挥，独立一营的战士（其中大多数是残废军人）击退了千余敌人的进攻，击毙击伤敌人百余人。受到了中央军委的传令嘉奖。

1939年8月，中共中央和中央军委决定派一批荣军高级干部到苏联去治疗养伤。陈振亚也在其中，他是到苏联去安装假肢的。

张文秋带两个孩子同行。陈振亚一行在途经新疆迪化（乌鲁木齐）时，被新疆军阀盛世才扣留，与陈潭秋、毛泽民、吉合等软禁在一起。

陈振亚在陈潭秋领导下，和其他同志一起进行政治理论学习。陈振亚学习认真积极，肯钻研问题，被推选为支部(对外称学委会)宣传员兼党小组长。

1940 年 10 月，国民党反动派掀起了第二次反共高潮，新疆形势日趋恶化。盛世才对八路军活动派人暗中监视。5 月中旬的一天，一部分共产党员以郊游为名，到野外去商讨对付盛世才的办法。陈振亚在一座桥上刚刚坐下，这座年久失修的桥就倒塌下来，他被砸伤在河水中。同志们急忙把他救起来，送进了迪化南关医院。在张文秋的护理下，陈振亚恢复了健康。当陈振亚准备出院的时候，盛世

中共石门县委常委、县委办主任胡元琴(右三)参观陈振亚烈士纪念室　石门县博物馆提供

才密令白俄医生说陈振亚病已好，把张文秋赶出了医院。1941年6月13日，白俄医生给陈振亚注射了毒药。

弥留之际，陈振亚紧紧握住陈潭秋的手，用尽最后一点力气倾吐对党和革命的眷念："我被敌人阴谋害死了，再不能和你一道工作了，我这一辈子是忠于党的，可惜我不能再为党做更多的工作了。我看不到革命的成功，真是终身遗憾。希望你照顾好我的孩子们，教育他们好好学习，继续为党、为革命努力！"

陈振亚牺牲后，党组织举行了隆重的追悼会。陈潭秋代表党对陈振亚的一生作了高度评价："烈士的一生，是历尽了战场上的出生入死，刑庭上的严刑拷打，敌占区的白色恐怖和伤病中的流血折磨的一生……烈士对敌斗争百折不挠，上阵冲锋英勇顽强。因此，烈士的一生，是战斗的一生。"

郑国将军旧居

郑国将军旧居遗址　来源于石门县委党史办资料

郑国将军旧居位于石门县磨市镇岩板滩村。旧居为砖木结构，小青瓦盖顶。

郑国（1919—1983），农历一九一九年九月十八日生于石门县磨市镇商溪河岩板滩。1935 年参加游击队。同年 8 月，游击队编入红军，任红二军 4 师 12 团二营五连通讯员，参加长征。1937 年加入中国共产党。抗日战争时期，任中央军委第二后方医院四所政治指导员、技术书记兼组织干事，中央军委供给部特派员、

郑国将军

秘书，新四军第四师供给部财会供给队队长、供给部协理员、被服厂政委，后方留守处政委、政治部组织科副科长、科长。解放战争时期，任华东野战军政治部组织科科长，第六纵队第五十团政治处主任，第六纵队政治部组织部部长，教导团政治委员，华东军区学校政治委员，第三野战军三十四师后勤部政治委员。中华人民共和国成立后，历任南京警备区政治部直工部部长，第三野特纵后勤政治部主任，华东军区炮兵后勤部副政治委员兼政治部主任，炮兵师政治委员，陆军第三十一军副政委、政委。1964 年被授予少将军衔。1969 年任江西省军区第二政治委员兼江西省生产建设兵团政委。1979 年 7 月任福州军区政治部正军职顾问。

郑国戎马一生，曾参加过湖南大庸河攻击战、云南宣威围歼战、大渡河狙击战、金沙江河川战、淮北“六一”战和胶东突围战等。荣立三等功一次，被授予三级八一勋章、二级独立自由勋章和二级解放勋章。1981 年 2 月离职休养。1982 年 6 月，经中央批准，定为副兵团职待遇。1983 年在南昌病逝，享年 64 岁。

中共湘西前敌委员会、中共湘西特委、中共石门县委磨岗隘联席会议会址遗址

中共湘西前敌委员会、中共湘西特委、中共石门县委磨岗隘联席会议会址遗址位于磨市镇大福桥村(原磨市镇政府所在地)。大福桥村也是红二军团第四师驻地,红二、红六军团党的积极分子会议也在此召开。

1928 年 5 月,中共湘西特委和中共石门县委举行南乡起义,形成纵横 100 余公里的武装割据局面,提出了“建立苏维埃政权”的设想。由于起义失败,设想未能实现。8 月 25 日,贺龙根据中共湖南省委关于“策应湘东红军行动和支援石门南乡起义”的指示,在磨岗隘主持召开中共湘西前敌委员会、中共湘西特委和中

中共湘西前敌委员会、中共湘西特委、中共石门县委磨岗隘联席会议会址遗址　来自网络资料

共石门县委负责人参加的联席会议，作出了“暴动起来之后，即须在磨岗隘建立农村苏维埃，实行割据西北乡”的决定。计划筹建石门县苏维埃政府，拟定曾庆萱为主席，政府机关设磨岗隘万寿宫。

中共湘西前敌委员会、中共湘西特委、中共石门县委磨岗隘联席会议会址遗址（原磨市镇政府所在地，因修建皂市水库而拆迁） 王本平摄

红二、红六军团长征前集结地遗址

红二、红六军团长征前集结地遗址——石门县磨市镇岩板滩村　张吉全摄

红二、红六军团长征前集结地遗址位于石门县磨市镇岩板滩村。

1934年8月，任弼时、肖克、王震率领的红六军团，遵照中央军委的命令，作为中央红军长征的先遣队，从江西遂川突围西征。一方面为中央红军开路；另一方面与贺龙率领的红三军会师后，建立湘鄂川黔革命根据地，策应中央机关和中央红军长征。红二军团经过两个多月的艰苦转战，于10月进入黔东。

由于贺龙、夏曦、关向应所率红三军电台已坏，不能与中央取得联系，对于红六军团已进黔东的情况并不知晓。贺龙在南腰界小学才从国民党的报纸上获悉肖克所率红六军团已入黔东，贺龙立即率部寻找、接应。10月15日，在沿河水田坝与红六军参谋长李达相会。23 日，在梵净山下找到郭鹏团长所率红十五团。24 日，在印江木黄与任弼时、肖克、王震所率红六军团主力会合。26 日抵达酉阳南腰界。下午，任弼时以中央代表的身份，在红三军司令部余家桶子召开了两军领导人会议，会上具体讨论了如何策应中央机关和中央红军转移以及两军会师后的行动方向、任务等问题。根据贺龙的建议，决定东征湘西，创建湘鄂川黔革命根据地，以牵制敌人，策应中央机关和中央红军转移。27 日，在南腰界猫洞大田，隆重举行两军会师大会。任弼时宣读了党中央发来的贺电，宣布红三军恢复红二军团番号及整编部队等项决定，并阐明了红二、红六军团会师的意义及今后的任务。贺龙在分析了形势后指出："可靠的根据地还在我们的脚板上，我们要再接再厉，去创造更大更可靠的根据地。"

10 月 28 日，红二、红六军团从南腰界出发，直入湘西，以策应中央红军北上和建立湘鄂川黔根据地。

11 月 7 日，红军占领湘西北重镇永顺县城，中旬取得十万坪(永顺县城北)大捷，乘胜占领大庸、桑植两座县城。11 月 26 日，红二、红六军团根据中央书记处电示，成立湘鄂川黔临时省委、湘鄂川黔省军区和湘鄂川黔省革命委员会。以永(顺)、大(庸)、龙(山)、桑(植)为中心的湘鄂川黔根据地正式形成。12 月中旬，红军又取得浯溪河大捷，占领桃源县城，兵临常德城下。

1935 年 2 月 11 日，中央革命军事委员会得知湘鄂敌军联合作战的计划后，给红二、红六军团发电："应利用湘鄂敌人指挥上的不统一与何健部队的疲惫，于敌人离开碉堡前进时，集结红军主力，选择敌人弱点，不失时机，在运动中各个击破之。总的方针是决战防御而不是单纯的防御；是运动战而不是阵地战。辅助力量是游击队与群众武装的活动。"

根据中央军委的指示，红二、红六军团决定采取运动战和游击战相结合的战略战术，利用湖南何键与湖北何成睿、徐源泉的矛盾，首先集中红军主力打击从湖南方向来的敌人。

3月，红二、红六军团消灭了由王村向永顺城前进的湘军一个团，取得了“围剿”的初战胜利。

4月中旬，在桑植县陈家河、桃花溪一带运用灵活机动的战略战术，与敌军陈耀汉所率的五十八师展开了多次激战，致使敌全军覆灭。粉碎了敌人对红二、红六军团的第一次“围剿”，从而巩固了根据地，为红二、红六军团转入战略反攻创造了条件。

5月，蒋介石集中81个团的兵力，对红二、红六军团进行第二次“围剿”。这次湖南方面来了3个正规师(共18个团)和七八个保安团。数量虽很大，但由于陈耀汉所率五十八师失败的教训，他们表现得相对消极。这时湖北徐源泉的四十三师、四十八师和谢彬的八十五师也来了。红二、红六军团经过分析，采取了东防西攻的战略，即东南对湖南采取守势，西北对湖北、贵州采取攻势。从5月起到8月，红二、红六军团转战鄂西地区与敌作战，先后进行了忠堡战斗和板栗园战斗。在鄂西忠堡战斗中，消灭敌四十一师师直属部队一二一旅和四十八师半个团，俘虏四十一师师长兼纵队司令张振汉。8月初，又在板栗园战斗中，一举消灭了敌八十五师，击毙了师长谢彬，粉碎了敌人对红二、红六军团的第二次“围剿”，使湘鄂川黔的战争形势发生了决定性的变化。

为了抓住有利时机，开展游击战争，扩大根据地。8月下旬，红二、红六军团主力撤出鄂西，自桑植洪家关，经鹤峰走马坪、慈利江垭等地，进入石门阳泉、仙阳。红十七师抢先占领石门县城。接着，部队又分三路向东推进。南路由红十七师主力从石门易家渡、雷打岩、大树岗进入临澧县城。红十七师另一部从石门白沙渡，经县城、易家渡进入临澧新安、合口一带驻扎。北路由贺龙率领红二军团四、六两师从石门仙阳坪出发，经瓜子峪沿澹水东进，抵达澧县王家厂、大堰垱一带，在石门建立了石门县革命委员会，并以石门为轴心，广泛开展游击战争。

红二、红六军团在开辟湘鄂川黔根据地和开展游击战中，坚持最大限度地集结主力，抓住敌人的弱点，实行各个击破，消灭了敌人的有生力量，粉碎了敌人合击红军的图谋。先后经历大小战斗30余次，歼敌两个整师，摧毁敌一个师部和一个旅部，缴枪8000余支、轻重机枪100多挺、各种大炮20多门，取得了反“围剿”斗争的胜利，有力地支持和策应了中央红军长征北上。

红二、红六军团占领石、临、津、澧地区后，锋芒直指常德、岳阳。蒋介石恼羞成怒，决心消灭红二、红六军团这个心头之患。他汲取前几次“围剿”红军的教训，于1935年9月，一面命令湘鄂两省87个团的兵力原地死守，一面急调追剿中央红军的嫡系部队孙连仲第二十六路军，以及樊嵩甫、汤恩伯两纵队增援津市、澧县及其以北地区，企图将红军压缩聚歼殆尽。

贺龙、任弼时、肖克、王震等认为，敌情空前严重，决定将红二、红六军团主力撤离津(市)、澧(县)。兵分两路向石门西北集结。一路经临澧新安、石门县城、瓜子峪、皂角市、十里长滩、袁公渡到渡水、磨岗隘、南岳驻扎。一路取道澧县王家厂、和尚洞，经石门河口、三圣、杜家岗到维新驻扎。红二军团军团部驻渡水崇阳盛芳木家，所属第四师驻磨岗隘大福桥，第六师驻渡水坪。红十六师驻维新、磨岗隘一带，第十七师驻磨岗隘。湘鄂川黔独立团驻袁公渡。

红二、红六军团在石门集结达70余天。集结期间，蒋介石对湘鄂川黔根据地发起新的更大规模的“围剿”。共动用正规军22个师又5个旅，130个团，20余万人，加上地方保安团，总共约30万之众，将其分成“进剿军”和“堵剿军”。其具体部署是：以孙连仲的第二十六路军和樊嵩甫纵队，由临澧新安经石门皂市向磨岗隘逐个筑碉前进；以王懋功第二十八师依恃碉堡驻守慈利，同时以一部分兵力固守湖北走马坪、五峰、渔洋关和石门子良坪一线碉堡；何键所部以3个师固守龙山、洗车、保靖、永顺、大庸、石门之间的碉堡；徐源泉所部3个师又4个独立旅，固守湖北走马坪、鹤峰、沙道沟、东风和湖南龙山的碉堡；慈利、石门间由何键加派保安队防守。

敌军大兵压境，封锁十分严密，红二、红六军团没有找到作战机会，且与中央失去联系。面对这一困境，贺龙、任弼时等仍准备在苏区内争取打破敌人的“围剿”，并于9月29日在石门县磨岗隘召开了红二、红六军团党的积极分子会议，任弼时作了《冲破敌人“围剿”的经验教训与粉碎敌人新的大举“围剿”》的讲话，进行动员。

恰在此时，任弼时突然接到周恩来发来的明码电报，询问红二、红六军团的情况。任弼时代表省委和军委分会，立即用密码致电周恩来：“你们现在何处？久失联络，请于电内对此间省委委员姓名说明，以证明我们的关系。”非常遗憾，一、四方面军会师后，红军总部的电报密码为张国焘所控制，红二、红六军团又根本不知道这一情况。任弼时的电报被张国焘收到后，张并没有将电报转给周恩来。9月30日，他以红军总政委和朱德总司令的名义回复任弼时：“二十九日来电收到，你们省委弼时书记，贺龙、夏曦、关向应、肖克、王震等委员”，并告：“一、四两方面军六月中旬在懋功会合行动，中央任张国焘为总政委。”要求“我们今后应互相密切联络”。电报只突出张国焘由中央任命为红军总政委，未告知党中央的去向。处在石门深山老林又被敌人重重包围的红二、红六军团，这时急切了解中央的动向，也急切希望得到中央明确的指示。任弼时收到电报后于10月2日与贺龙、关向应等联名致电朱德、张国焘，通报了当地敌情并提出询问：“一、四方面军是否已入陕境，及今后行动大的方向，盼告我们，以便依据来决定我们的行动。”心怀叵测的张国焘对此电未作回复。10月9日，任、贺、关又打电报给朱德、张国焘，特要求将电报转给中央，电中再次询问：“一、四方面军将在何处建立根据地及发展方向，盼告；你们行动方针望速以电复。”张国焘却未告知党中央的方向。

而任弼时此时却收到中共上海中央局给中共中央的来信和潘汉年给洛甫（张闻天）的信，从信中了解到有关各地红军活动的情况，他觉得这些消息对中央非常重要，于 14 日将这两封信让张国焘转给中央，却被张国焘截留。15 日，张国焘在以自己和朱德的名义发给任、贺、关的电报中称："红二、红六军团在狭小地区内，固守为失策，决战防御亦不可，轻于尝试远征，减员(亦)大。可否在敌包围线原有苏区附近，诱敌出碉堡，用进攻路线，集中全力以击破之。"并说："上述意见供你们参考"，"请按实际情况由你们自行决定"。还说："我主力红军仍在川西活动。"对党中央和红一方面军的动向仍只字未提。红二、六军在得不到中央明确指示的情况下，只得根据红军总部的电示，于 10 月 17 日，任弼时、贺龙、肖克、王震、关向应等在石门渡水坪召开军委分会会议，研究新的行动方针。10 月 19 日，张国焘又以红军总部的名义电示："取守势是最失策，远征损失大，可望在赤区外围和附近地区诱敌各个击破之。"根据这一意见，以任弼时、贺龙为首的湘鄂川黔省委和军委分会结合当时的形势和客观实际，对红二、红六军团的战略方针进行了反复研究，认为当前敌人是红军的十倍之多，且不断逼近，根据地日益缩小，红军原有活动地区，东西约 150 公里，南北 50 多公里，地方工作基础薄弱，粮食缺少，地形上不利于大兵团进行战斗，红军若不突破围攻远击，在强大敌军面前转来转去，势必日益削弱，甚至遭受失败。情况十分危急。任弼时、贺龙等遵照中央军委 2 月 11 日关于"当必要时，红军可以突破敌人的围攻线，向川黔广大地区活动，甚至渡过乌江，但须在斗争确定不利时，方才采取此种步骤"的指示，果断决定实行战略转移，放弃现有苏区，突破敌人围攻线，转向湘黔边，争取在黔东创建新的根据地。

根据这一决定，红二、红六军团集结在石门县的各路红军从 1935 年 10 月底开始向西移动，最后集中兵力到南岳岩板滩，11 月初开始行军到达桑植。11 月 4 日省委和军委分会在桑植刘家坪再次研究突围事宜。11 月 19 日，贺龙在桑植刘家坪对红军进行了突围前的总动员，红二、红六军团开始突围长征。

磨市镇红军标语

1935 年，红军在石门集结整训扩红 70 余天，开展了一系列政治宣传工作。红六军进驻石门磨岗隘乡、南岳乡等地(今磨市镇境内)后，先后在磨岗隘官坪村二组覃道拔家门两边墙壁上、官庄村六组覃事汉屋后墙上、大福村七组唐枚珍家屋

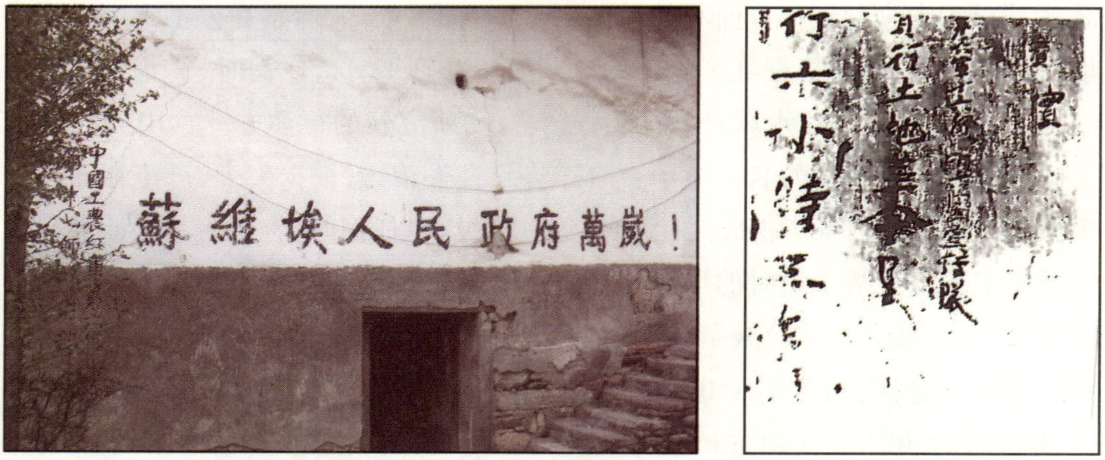

磨岗隘乡官坪村二组覃道拔家门口两侧红军标语

磨岗隘乡官庄村六组覃士汉屋后墙外壁红军标语

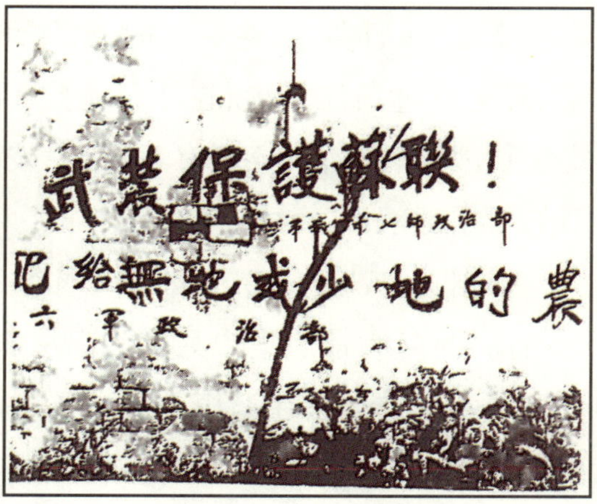

磨岗隘乡大福村七组唐枚珍家屋后墙壁红军标语

后墙上、岗坪村二组覃遵明屋前墙上、横铺村十二组孙国权门前左墙上、南岳湖坪村枫树组郑家元屋后墙上写下“苏维埃人民政府万岁！”“武装保护苏联！”“工农劳苦群众起来杀尽压迫你们的军霸官僚土豪劣绅！”等标语。

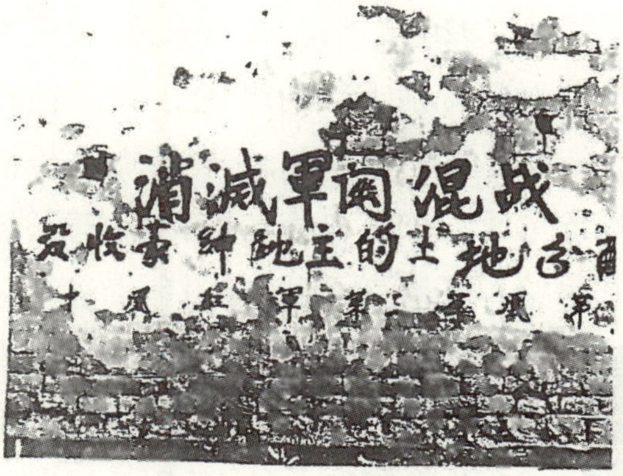

磨岗隘乡大福村七组唐枚珍家屋后墙壁红军标语

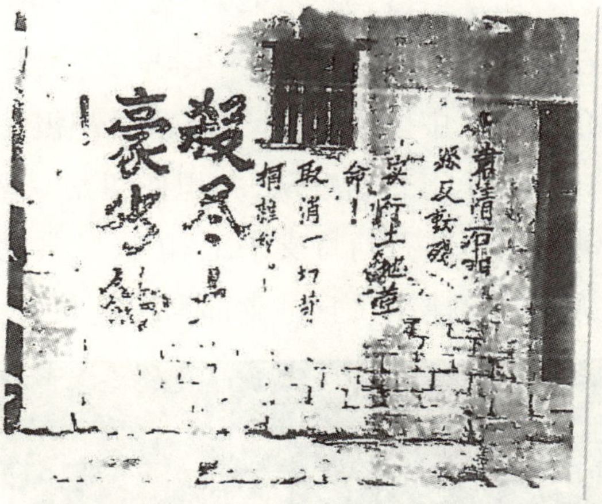

磨岗隘乡岗坪村二组覃遵明屋前墙上红军标语

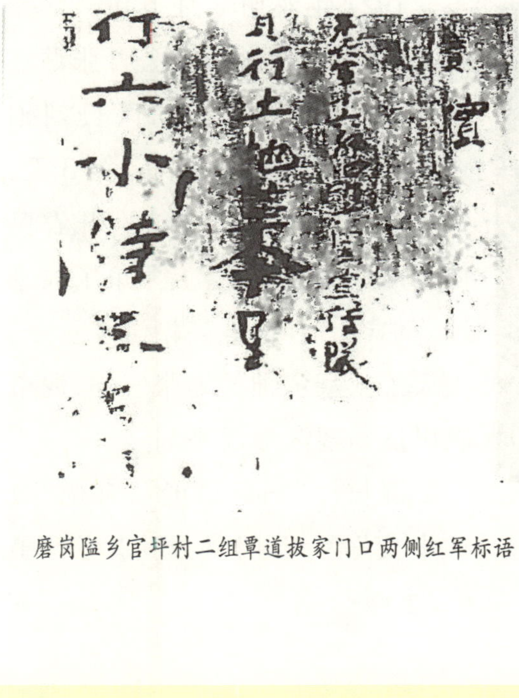

磨岗隘乡官坪村二组覃道拔家门口两侧红军标语

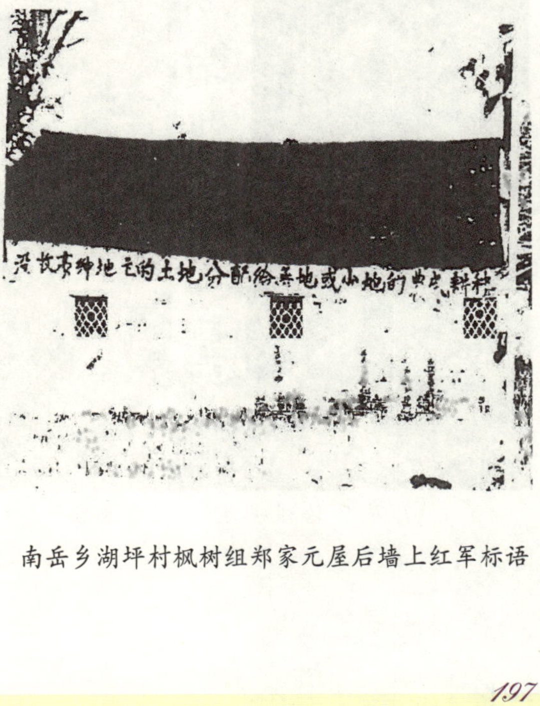

南岳乡湖坪村枫树组郑家元屋后墙上红军标语

郑家给烈士墓

郑家给烈士墓位于是磨市镇商溪河南岳寺村。其后裔 2013 年 11 月修建。

郑家给(1902—1929),男,1902 年生,磨市镇商溪河南岳寺村人。19 岁考入石门县立中学。1925 年中学毕业,投考黄埔军校。1926 年年初,经袁东藩、曾庆萱介绍加入中国共产党。郑家给积极参与中共石门特别支部的组建工作。他在石门中学组建纠察队,并担任纠察队队长,带领学生走向街头,开展革命宣传活动。与中共石门特支书记、国民党县党部筹备主任袁东藩和特支委员曾庆萱、吴协仲等筹建国民党县党部和清算委员会。郑家给担任清算委员,专门负责清算贪污、挪用、亏款人员。10 月,与罗鸿斌、唐才春等 21 人被中共湘区委任命为农工特派员,派往石门领导群众开展革命斗争。

郑家给烈士墓[①] 张吉全摄

① 编者注:郑家给烈士系中共湘区委员会农工特派员

1927 年农历 3 月下旬,郑家给、唐才春在泥沙街上公开张贴巨幅标语:“打倒万恶的区长刘伯奇!”鼓动群众起来革命。第 3 天,郑家给在泥沙河滩主持召开农民协会成立大会,在会上斗争了大豪绅陈伯奇,押他戴高帽游乡示众,大灭了土豪劣绅的嚣张气焰,泥市农民运动逐渐形成高潮。

继长沙“马日事变”、常德“敬日事变”后,石门县发生“沁日事变”。大豪绅盛贤庭勾结仙阳土匪将省农工特派员唐才春杀害于河口北岔。郑家给与邓恒泰、江伯龙等得知消息后，星夜赶到北岔，寻找到唐才春被火烧后的残骸，在县城清泉寺为烈士举行了隆重的追悼会。郑家给义愤填膺，发誓要为烈士报仇。在石门，他带领纠察队搞宣传、查日货、打土豪，惩办了盛贤庭父子。5月下旬，石门县长刘夷与土豪劣绅沆瀣一气，疯狂反扑。扬言：“招来天下刀客，杀尽共产党人”。不到一个星期，县总工会、县工人纠察队、新关农协会负责人邓恒泰、易忠玖、阎昌奎等几十名共产党员和革命群众先后被杀。在一片白色恐怖下，郑家给和袁东藩暂时离开石门去武汉。途中幸遇覃甦，便一道到武汉军事分校学习。

1928年10月，郑家给学习结业重返石门，参加了曾庆萱领导的北乡武装斗争。1929年，罗效之公开叛变革命，指使铲共义勇队队长陈风翔等刽子手，将年仅27岁的郑家给杀害在磨岗隘官丈坪。

经省民政厅批准，石门县人民政府于1984年8月15日发文追认郑家给为革命烈士。

覃飞武烈士墓

覃飞武烈士墓位于磨市镇鲍家渡村一山坡上。

覃飞武（1908—1946），1908 年农历十月初七生于磨市镇乐坪。

1945 年农历 11 月，直属中共南方局领导的湘鄂边区（辖湖北松滋、五峰、湖南石门等县）地下党负责人刘家瑞，遵照南方局“开展白区与解放区地下交通联络线，着手组织武装自卫”的指示精神，偕同五峰刘晓峰等地下党员到石门县中岭鲍山坡，召集中共石门虎踏桥支部领导人田中夷、党员田金山、红军战士覃飞武、进步青年张光远等人开会，研究在石门组建一支游击武装，命名为湘鄂边区武工队（江南游击队的前身）。会上，通过了以“三抗三反”（即抗征兵、抗征粮、抗苛捐杂税，反饥饿、反压迫、反剥削）为宗旨的政治纲领，决定发动群众起来斗争，扰乱敌人后方，对抗残酷镇压共产党人、社会进步团体的国民党地方政权。推选出覃飞武为武工队队长，田金山为副队长。会上还明确田中夷仍潜伏虎踏桥学

覃飞武烈士墓　张吉全摄

校，秘密主持石门的全面工作。1946 年 3 月，一支由覃飞武、田金山、盛芳道、覃遵忍、黄伯盛、吴仁次、覃道清等 17 人组成的武工队，在虎踏桥宣告成立。武工队成立后，首先决定将长期监视地下党员和进步人士活动的松滋县参议员周润生这颗钉子拔掉。4 月 6 日，武工队经过皮家冲，覃飞武即派联络员陈习知赴油榨口打探周润生下落，得知周润生一伙在油榨口保长家里喝酒打牌，武工队便急速行军，直奔油榨口。众队员飞步闯入牌场，刀劈了周润生等 4 名地头蛇。1946 年 5 月，武工队长途奔袭敌人戒备较松懈的大后方——鹤峰县龚家垭税务所，击毙税警两名和税务所所长，缴获步枪 12 支，子弹 200 余发，手榴弹 10 余枚，还缴获一些军用物资。1946 年 9 月 13 日，覃飞武做策反工作失败，被磨岗隘乡乡长郑安峨谋杀。

覃飞武烈士墓修复效果图

雁池乡

中共石门县虎踏桥支部遗址

中共石门县虎踏桥支部遗址　张吉全摄

中共石门县虎踏桥支部遗址位于雁池乡杨柳虎踏桥村。

1937年7月7日,抗日战争全面爆发后,中华民族与日本侵略者的矛盾成为中国社会的主要矛盾。卢沟桥事变的第二天,中共中央就发出《中国共产党为日军进攻卢沟桥通电》,再次强调指出:“中华民族危急! 只有全民族实行抗战,才是我们的出路! ”在中国共产党的积极倡议和全国人民的强烈要求下,1937年8月,国民政府军事委员会宣布由中国工农红军一、二、四方面军改编成“国民革命第八路军”,简称“八路军”,下辖第一一五师、第一二〇师、第一二九师。9月22日,国民党中央通讯社发表《中国共产党为公布国共合作宣言》。9月23日,蒋介石发表谈话,指出团结御侮的必要,实际上承认了中国共产党的合法地位。标志着以国共两党合作为基础的全民族抗日统一战线正式形成。

12月，中共湖南特委在长沙成立，随即在全省各地开展恢复建立党组织和抗日救亡工作。在土地革命时期遭受严重破坏的常德等地的中共党组织得以恢复建立和迅速发展。但是，由于国民党当局对中共的活动，特别是在长江以南地区的活动仍严加限制甚至排斥，顽固推行消极抗日、积极反共政策，不断残害共产党人，分裂国共合作，密谋与日妥协。所以这些党组织的成立和发展只能秘密进行，领导的各项抗日救亡工作，也是通过进步群众团体来开展的。

1941年12月，中共湖北省松滋县石牌区地下组织遭到破坏，区委书记吴秉章被关押受审。在这紧要关头，中共松(滋)、枝(江)、宜(都)中心县委书记李冬波，下令地下党员疏散隐蔽。此时，中心县委联络员刘家瑞，因在本地已经暴露身份，县委指示他转移到湘鄂西边区的石门县一带活动，秘密发展党组织，领导群众开展抗日救亡活动。

1942年春，刘家瑞(化名田宗柏)偕同妻子易梅英(化名易静满，共产党员)，经其叔父刘玉汝介绍，假称湖北省江陵县难民，来到石门县太平街升子坪，住唐天喜家养病。7月，李冬波来到太平街，向刘家瑞传达了中央南方局关于“长期埋伏，等待时机，同时又要建立新堡垒，开辟新地区，凡有党员3人的地区便成立党的支部”的指示。之后，刘家瑞便组织起新的革命活动，发展了雇工谭连正为中共党员。由于国民党实行“溶共”“防共”“限共”“反共”政策，利用各种反动组织严密监视共产党的行动。不久，刘家瑞的行动被国民党乡队副唐生霞等人怀疑跟踪。为免遭敌手，8月，由小学教师田中夷介绍，刘家瑞夫妇由太平街迁到所街乡虎踏桥许守光家居住，逐步站稳了脚跟。

为了培养骨干，打开抗日救亡斗争局面，刘家瑞授意田中夷邀集了6名学生，在虎踏桥小学办起了补习班。为了稳住脚跟，他们对教学认真负责，学生成绩一天比一天好，逐步得到了当地老百姓的信任。于是，第二年又在虎踏桥、伞匠峪、黄福峪等地，招收了20多名失学青年进入补习班。田中夷的弟弟田金正受聘为校董，并兼任刘家瑞的地下交通员。为了协助刘家瑞等人开展工作，中心县委书记李冬波根据中共中央关于“隐蔽精干，长期埋伏，积蓄力量，以待时机”的斗争方针，又增派地下党员万斌(化名蒯道金，湖北宜昌人)前来石门，以教书为掩护，秘密开展地下斗争，使抗日力量不断增强。

1943年，刘家瑞培养的抗日中坚力量得到进步和发展，在一年多的时间里，先后吸收了田金山、田中夷、覃飞武、覃国栋、姚湘华等人加入了中国共产党。1943年9月，正式成立了中国共产党石门县虎踏桥支部委员会，隶属松、枝、宜中心县委领导，易梅英任党支部书记。从此，石门县的抗日救亡斗争进入到一个新

地处石门茶马古道上的虎踏桥　王本平摄

阶段。

中共石门虎踏桥支部成立后，不仅成了联络湘鄂西各县地下党的枢纽，而且利用补习班这块阵地，向学员宣讲抗日道理，传播救亡思想，培养了一批新生力量，在主动、积极、隐蔽地做好抗日救亡工作中，发挥了极其重要的作用。

积极宣传抗日救亡思想。中共石门县虎踏桥支部的刘家瑞、万斌，以黄福峪补习班为阵地，不断宣传抗日道理，传播救亡思想，合作谱写了《黄福峪补习班校歌》："战云弥漫了整个原野，杀声震荡着湘西，在物产丰富的国土，经过敌人几次攻扰，到处是创伤血迹……看啊！苍蒲峪是这么优美，铜锅寨是这么雄伟。同学们！我们要齐心协力，打倒侵略者，当家作主人……"同时，他们还教唱江苏民歌《江南之恋》等，深受学生和乡民的喜爱。在支部委员会的倡导下，补习班还办起了以宣传抗日为主的校刊和壁报。刘家瑞在为校刊《烽火》起草的发刊词中写道："抗日战火，蔓延全国。同胞们，同学们一起抗日……把抗战必胜旗帜高举……。"由覃正田、刘家怀和齐选先3人主编的"三支笔"墙报，其发刊词由刘家瑞授意，覃正田执笔，词的大意是："它，三支小笔，你莫要看它太简陋了。将来三支小笔要变成三支大笔，大笔扫尽人间不平……"。用笔尖头写出号召、呼声，提醒人们同心协力，刺向敌人心脏。

密切联络地下党的组织。中共石门县虎踏桥支部根据抗战斗争需要，指派党员田金山，收买了驻扎在石门县所街乡的国民革命军第十集团军总司令部情报员向国谓，并多次随向国谓到湖北松滋县、公安县和湖南华容县等地活动，买通关卡，秘密与当地的地下党联络站接上关系。为了掌握敌情，有力地开展斗争，刘家瑞授意田中夷的母亲龙秋姑，在石门县所街乡开设小客栈，接纳过往行客，暗中传送情报。还派出共产党员覃国栋打入所街乡公所当文书，以观察国民党乡保组织的动向。1943年冬，日军大举南犯，战局变幻莫测。刘家瑞的单线直接领导人李冬波已奉命转移中原，党支部失去了与上级的联系。

面对如此严峻的形势，全体支部成员没有气馁，更没有后退。田中夷作为刘家瑞的得力助手，主动承担起了负责上下联系的重任；田金山、覃国栋负责湘鄂西相关县区的联络。

串联组建抗日游击队伍。中共石门县虎踏桥支部采取昼伏夜出、各方串联等办法，逐步发展了一部分革命力量，建起了抗日游击队伍。为了迅速武装自己，由田金山带队，利用天黑偷袭税务所，一举夺得22支枪。为了保存实力，游击队员们坚持“长期埋伏、等待时机”的工作方针，分散活动，隐藏枪支。

中共石门县虎踏桥支部委员会的建立，在发动群众、扩大巩固抗日民族统一战线、掀起石门抗日救亡斗争新局面，起到了极为重要的作用。

石门茶马古道虎踏桥段遗存　王本平摄

覃甦烈士旧居

覃甦烈士旧居　王本平摄

覃甦烈士旧居旧址位于雁池乡大路口村。

覃甦(1906—1932),原名覃正业,字百勤,1906年2月9日生于雁池乡大路口村。1915年至1925年,先后就读于县立磨市高等小学和长沙兑泽中学。1925年9月,覃甦被中共湘区委选派到广州农民讲习所学习。12月学习结束后,即加入中国共产党。后回省受国民党湖南省党部派遣,以农工特派员身份与吴协仲、龙在前、刘植吾等一道回到石门,帮助国民党建立了磨岗隘、九伙坪、白云桥、皂角市4个区分部。同时,秘密组织农会,开展农民运动。1927年5月中旬,覃甦到

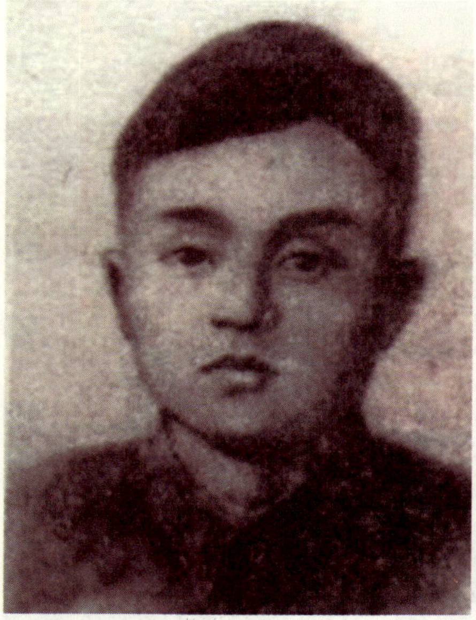

覃　甦

武汉找到了同乡、同学王尔琢。7月初，和王尔琢一道前往江西九江，被编入第二方面军第二十五师第七十四团。8月1日，随部队参加了“八一”南昌起义。

南昌起义失败后，覃甦与同乡唐占益等辗转回到故乡，以小学教员身份为掩护，秘密进行党的地下活动。中秋之夜，覃甦等在所市覃经阶家召开16人参加的积极分子会，并介绍杨万柳等加入了中国共产党。11月至12月，覃甦等分别在磨岗隘的官桥、龙岗和县立四高建立了中共党支部，和磨市、苏市区委会，陈奇谟、马季良分别担任磨岗隘、苏市区委书记。同时，覃甦还与陈奇谟等在磨岗隘组织了农民暴动队，打击土豪劣绅和不法分子。1928年春节前后，又配合龙在前、曾庆萱等举行了“年关暴动”。暴动之后，又率领农民暴动队捕杀豪绅，策应了“石门南乡起义”。南乡起义失败不久，贺龙率红四军主力到达石门磨岗隘，覃甦和唐占益、盛联熊等即参加了红四军，并分别被红四军委任为营长。在红四军驻磨岗隘期间，覃甦协助陈奇谟、杨万柳等组建了石门县游击大队。在南岳寺与陈奇谟、盛联熊等一齐动手，除掉了平日作恶多端的“陈家三霸”。

当红四军在石门游击受挫转移到桑植、鹤峰边界地区后，覃甦与同乡刘植吾一道被湘西前委派往湖北鹤峰邬阳关改造、收编“神兵”。1929年1月3日，贺龙率红四军主力，正式收编邬阳关“神兵”，将“神兵”编为“中国工农革命军特科大队”，任命首领陈宗瑜为大队长、覃甦为副大队长兼党代表，刘植吾为参谋长。

1月7日，贺龙等湘鄂西前委指挥红军一举解放了鹤峰县城，成立了鹤峰县苏维埃政府。覃甦和陈宗瑜率领的特科大队,在战斗中起到了重要的作用。

3月,湘鄂边鹤峰革命根据地刚刚创立时,国民党反动派迅速调集军队和地方团防进行"围剿"。3月下旬,陈宗瑜、覃甦指挥特科大队胜利粉碎了敌人的疯狂"围剿",使鹤峰县、区、乡苏维埃政权得到巩固和发展。随后,红军进行了整编,特科大队被改编为红四团,陈宗瑜为团长,覃甦为党代表。同时,前委决定进军桑植,扩大革命根据地。

5月,红军在桑植建立了红色政权。8月,国民党反动派湖南省主席鲁涤平调集2万余人进攻湘鄂边苏区,"围剿"红四军。9月22日,红四军主动退出桑植县城,向庄尔坪、内半坡一带转移。在抢占八大公山山头的战斗中,陈宗瑜团长不幸中弹牺牲,党代表覃甦继续指挥战斗,完成了掩护军部和全军撤退的任务。庄尔坪战役以后,覃甦被贺龙任命为红四团团长。1930年7月,红四军、红六军在湖北公安南坪会师,组成红二军团,原红四军改为红二军,军长由贺龙兼任,原红四团改为红十一团,覃甦任团长。1931年3月底,红二军团改编为红三军,军长贺龙,政委邓中夏,原红四师改为七师,原红十一团改为红十九团,覃甦任团长。与此同时,覃甦还遵照前委指示参加了建设苏区的工作,与同乡吴协仲、唐占益一道当选为石门县苏维埃委员。为实现当时前委建立"石门临时后方"的计划,覃甦率部游击于石门的子良坪、太平街、杨柳园、水南渡、磨岗隘,帮助磨岗隘、苏市、所市、泥市、古罗等区乡建立了苏维埃政府。

红三军在湘鄂边苏区经过短期整训后,出野三关、打巴东、绕兴山、过姊归、克远安、破当阳、占保康、进房县、取均州,向鄂北转战千里,覃甦均率部冲锋在前。

9月中旬,红三军奉命回洪湖。夏曦接任红三军政委,部队撤销了师的建制,编成五个团,覃甦仍任团长。12月,红三军又恢复师建制,覃甦任红二十一团团长。1932年1月下旬至3月上旬,覃甦率部在贺龙军长的指挥下,在洪湖根据地开展游击活动，粉碎了敌人的“清剿”。3月下旬，敌人又集中2万兵力，再次向红军发起围攻，贺龙指挥部队在瓦庙集一线迎敌。覃甦率部顽强阻击敌人7日7夜，毙伤敌军2000余人，再次粉碎了敌人的“清剿”。4月初，覃甦左膀因在战斗中受伤被送进瞿家湾红军医院治疗。5月21日伤愈出院后，升任红三军八师师长。23日，贺龙指挥红三军主力八师，到张家场一线反击敌军20个团的兵力，激战一周，毙伤敌人一二三旅旅长以下800余人。接着，红军主动由襄北撤回洪湖。7月，敌人集中10万余众，大规模向洪湖根据地进犯。红八师在贺龙的指挥下到外线作战，歼灭来犯之敌。10月，红军反“围剿”失利。下旬，覃甦随贺龙由大洪山出发，向鄂豫边转移。

红三军在河南苗店地区宿营的第二天拂晓，敌军马鸿逵部就从饶良方向倾巢出动，逼近潭北，对红军疯狂炮轰。由于红军及早转移，敌军扑空。疯狂的敌人继续尾追红军，当即受到红八师狙击，敌人不敢冒然进击，直到红军转移，狙击停止，才狐疑地进人苗店街。红八师狙击敌人，虽为整个部队转移赢得了时间，保证了红军大队伍的安全转移，但该部却由先头部队变成了后卫部队，并未摆脱马鸿逵部的尾追。1932年11月10日上午8时左右，敌追击部队在苗店以北的石塔寺，依仗优势兵力和精良装备，利用复杂地形对红八师进行包抄。在不利的情况下，红八师撤出战斗，跨过苗店郝寨的马河，到达河西岸的王十里，不幸又被尾追之敌包围，两军展开了白刃格斗。红八师因敌我悬殊，战斗失利。师长覃甦壮烈牺牲，年仅26岁。安葬于河南省社旗县苗店郝寨。

伍经恕烈士墓

伍经恕烈士墓　张吉全摄

伍经恕烈士墓位于石门县雁池乡水晶庙村20组的兰香坪。

伍经恕(1903—1928),字叔敬,男,1903年生,苏家铺水晶庙兰香坪人。1927年7月在北京法学院毕业后,南下湖南长沙,巧逢同族兄弟伍经忠(即伍伯显)。伍伯显受省委派遣回石门任县委书记,恢复组织,发展党员,重新点燃革命烈火。

伍经恕

他们一同回到石门。当时，邓恒泰、易忠玖、阎昌奎等共产党员和革命志士被敌人杀害，全县中小学停课，党组织被破坏，基层组织几乎解散。原县委书记袁东藩被迫离开石门，县委委员们分别隐蔽到农村转入地下活动。伍伯显委派伍经恕回石门西北老家竹溪河，扎根串联发动群众。伍经恕几经周折，与陈奇谟、盛联熊、杨万柳、覃正业取得联系，打开工作局面。

9月，伍伯显代表中共石门县委到常德草鞋洲参加湘西各县县委书记会，中共湘西特委决定在石门举行年关暴动。伍伯显回县后，研究决定派县委委员陈奇谟、盛联熊等在苏家铺、磨岗隘组织武装力量，举行暴动。

1928年农历1月15日，伍经恕按照伍伯显、盛联熊的安排，在苏家铺水晶庙葫芦丘，召开有罗坪、安溪、雁池、竹儿垭等地农民参加的大会。宣传革命活动。同时成立了苏市乡农民协会，推荐覃正硕为会长。由陈奇谟、盛联熊、覃正业、杨万柳、伍经恕、覃权元、覃正硕等人秘密组成农民暴动队。正月初八夜晚，农民暴动队配合新河曾庆萱为首的暴动队捕杀清泥溪团总龚砥臣。紧接着，伍经恕与陈奇谟、盛联熊、覃正业、杨万柳等处决了土豪劣绅陈尚卿。

2月，伍经恕受聘到石门中学任教，在学生中秘密传播革命思想，开展革命活动。

“年关暴动”使石门县当局要员如坐针毡，他们寻机反扑，勾结军阀，纠集地方反动武装势力，对革命力量再次进行围剿。3月23日，伍经恕等17位共产党人和革命志士不幸被捕。经过长达一个星期的拷打审讯，敌人一无所获。3月29日，伍经恕在县城蒋家州从容就义，年仅25岁。

所街乡

红军覃君振烈士墓

红军覃君振烈士墓位于石门县所街乡文家村6组大凤山下。

覃君振烈士墓南临文川公路、渫水河旁，东抵张家渡电站，墓坐北朝南，墓冢用青砌成圆形。墓碑两侧竖刻楷体“松柏四条长表，烈士千古不朽”，中刻有烈士简介、亲属姓名及立碑时间。碑帽上有半圆形装饰，内刻五角星图案。建筑面积约8平方米。2016年1月被石门县政府公布为第五批文物保护单位。

覃君振烈士墓　覃君振烈士亲属提供

覃君振（1916—1936)，1916年出生于石门县所街乡文家村官坪。1935年9月参加中国工农红军，任红二军团第四师第十一团战士，参加长征。1936年3月，在贵州省黄平县作战中牺牲，时年21岁。

罗 坪 乡

红军烈士纪念碑

红军烈士纪念碑位于罗坪乡大房峪村郭家垭与桑植县西莲乡月岩村苦李垭交界处。

1935 年 8 月，贺龙、肖克为策应中央红军长征，在革命根据地松滋、澧县、津市、石门等地扩充红军，筹措粮饷。10 月，贺龙、肖克率部队移师桑植。途中有 3 名

红军烈士纪念碑　王本平摄

红军(生平不详)在苦李垭被国民党民团杀害。

为不忘记先烈英灵，曾在西莲下乡的10名知识青年，于2011年8月在此立碑，其碑文内容为：

碑　序

三位红军生平不详，跟随贺龙、肖克为策应中央红军长征转战湘鄂川黔革命根据地，乙亥年八月，为巩固苏区，扩充红军，筹措粮饷，东出松滋、澧县、津市、石门，在战斗中身负重伤。同年十月移师桑植，在苦李垭被民团杀害。烈士鲜血染红土地上的人民永远不会忘记他们的英灵，曾在西莲下乡的知识青年，深深怀念革命先烈，为继承和发扬革命传统，特立此碑昭示后人铭记。

二〇一一年八月一日立

下乡知青捐建：

陈兆贡　陈兆平　柏锡栋　柏锡余　陈昌义　刘金翠　刘月芝　余曼萍

王松文　周祖昌

壶瓶山镇

泥沙区苏维埃政府旧址

泥沙区苏维埃政府旧址位于壶瓶山镇“泰和合”茶号。

1929年8月，中共石门地方组织在贺龙红军的支持下，在泥二垭正式成立石门县苏维埃政府后，紧接着在泥沙和白竹垭建立了区苏维埃政府。泥沙区苏维埃政府设在“泰和合”茶号。

泥沙区苏维埃政府旧址——“泰和合”茶号　王本平摄

相关链接：

2013 年修缮后的“泰和合”茶号　王本平摄

“泰和合”茶号由广东中山籍商人卢次伦于清光绪十五年(1889)创建。建筑规模宏大，功能齐备，是一座砖木结构的清式民间建筑。主楼台基为长方形，总面阔 22 米，总进深 21.7 米，建筑面积 477.4 平方米；其东侧茶叶房面阔 11.7 米，进深 17.1 米，建筑面积 200.07 平方米；骡马房面阔 14.1 米，进深 11.2 米，建筑面积 157.92 平方米。总建筑面积为 835.39 平方米。

主楼四周墙用长条形青石铺垫。大门用青石镌花，高达丈余，石门上刻缠枝卷草纹，栩栩如生，门额有丹青朱红彩画，入大门第一进为拜堂，两侧设圆石拱门，是人事、经济两个管事办公处，由左侧前券门旁登木楼梯上至二层，上有走廊环绕，天井相通，有 16 间小楼阁，楼阁局部饰以木雕及花卉图案，工艺精美。过三扇并列相依的石拱门，经天井达第二进为中堂，为接待官府官员、客商的地方，左右各设耳房。第三进为斋房和卢次伦起居寓所。茶号主楼东侧是制作、储存茶叶库房。外隔有一条石板街，分别毗连建有医务室、食堂、裱糊铺、百货行（均已毁）和现有的骡马房。

民国 5 年(1916)2 月 19 日，哥老会抢劫泥沙，威逼卢次伦交出澧州知府王子宾送给他作为护厂的枪支。泰和合茶号制茶房、赶楼及运送茶叶的船厂也遭到不同程度的破坏。6 月 19 日，永顺土匪朱吉人带 80 人，抢劫泰和合茶号，纵火烧毁了泰和合茶号主楼的“三泰楼”及毗邻的百货行、骡马房等建筑。1916 年，湖南省警察厅厅长唐荣阳回到长沙，以枪相逼，迫使卢次伦退回地契。

民国 8 年(1919)卢次伦离开泰和合茶号。后经多次维修，茶号主体建筑基本恢复原貌。

1984 年 5 月，石门县人民政府公布为县级文物保护单位。

2000 年 6 月，常德市人民政府公布为市级文物保护单位。

2011 年 3 月，湖南省人民政府公布为省级文物保护单位。

2012 年，石门县文化广播电视新闻出版局安排资金 30 万元，按照“整旧如旧”的原则，对泰和合茶号进行修缮。

耍武乡苏维埃政府旧址

耍武乡苏维埃政府旧址　张吉全摄

耍武乡苏维埃政府旧址位于壶瓶山镇耍武村。

1930 年 11 月,红二军团进占石门后,进一步加快了苏维埃政权的建设步伐,在泥沙区成立了耍武等 11 个乡苏维埃政府。耍武乡苏维埃政府由康德轩任主席,卢宗华任副主席。

耍武乡苏维埃政府建立后,受到了内部奸细反水破坏。1930 年 3 月的一天,红军独立团王参谋在耍武陈中辉家召开乡苏维埃政府负责人会议，游击队员白汉楚向团匪陈金次告密,陈立即派枪兵包围会场,杀死了王参谋和康虎臣等 3 人。

事发后，引起了苏区各级政府警惕，在内部清查内奸，处决了王明臣、周荣姑、白云吉等“反水”叛徒，纯结了队伍，稳定了军心和民心。

在泥沙地区，有大小团匪13股。红军进驻时，他们藏起来，红军走后，他们又疯狂反扑。石门苏区不仅受到境内反动势力的反复攻击，而且还遭到境外敌人的多次“围剿”。1931年秋，国民党对各革命根据地进行第三次大规模“围剿”，占领了石门苏区，全县除要武、南镇两乡外，其余全部丧失。

敌人占领石门苏区后，使用了极其残暴、毒辣的手段进行“清乡”。国民党县政府专门成立了铲共义勇队，辖枪兵360人，在罗效之和各区乡头头的直接指使下，到处捕杀、迫害革命志士及红军战士。1932年2月20日，匪首陈金次趁红军和游击队撤离石门时，带领匪部冲上要武，杀死游击队员龚道岸、文福发、陈中庸。5天后，陈金次又纠合陈孝道、刘昆山等部300多人，再次围攻要武乡苏维埃政府，烧毁了乡主席康德轩的家，杀死了乡政府工作人员康存玉、邓中玉等人。至此，石门仅存的要武、南镇两乡苏维埃政府停止了活动。

旧址屋顶局部　王本平摄

程振谦烈士纪念碑

程振谦烈士纪念碑位于壶瓶山镇中岭刘家坪。

程振谦(1906—1933),男,生于1906年,农民出身,小学文化,1930年参加中国工农红军,加入共产党,任红三军第九师二十六团连长。1933年回家乡组织青年参加红军,在中岭狮言包三坡被敌人杀害。时年仅27岁。

程振谦烈士纪念碑　壶瓶山镇党政办公室提供

覃多善烈士纪念碑

覃多善烈士纪念碑位于壶瓶山中岭刘家坪。

覃多善(1910—1933),男,生于1910年,1930年参加中国工农红军,1933年在杨家坪被杀害。年仅23岁。

覃多善烈士纪念碑　壶瓶山镇党政办公室提供

南北镇

石门县苏维埃政府旧址

石门县苏维埃政府旧址——贺家台　王本平摄

石门县苏维埃政府旧址位于南北镇潘坪村（原宋垭村 8 组）。东邻东山峰鹿场，西距南北镇政府 18 公里，南抵石清公路，相距约 3 公里，北为东山峰碑牌垭。贺家台是石门县苏维埃政府办公地，有木屋 3 间，前檐低，中为堂屋，左右各有 1 间小横屋。

1984 年 5 月被石门县人民政府公布为第一批重点文物保护单位。2000 年 6 月被常德市人民政府公布为常德市文物保护单位。

1930 年 2 月，红四军遵照中央的指示，准备与洪湖的红六军会师。前委决定，组建了以汪毅夫为书记的鹤峰中心县委，辖鹤峰、桑植、五峰、石门、长阳等县，负责湘鄂边苏区的领导工作。还抽调骨干组成红军独立团，会同苏区各游击队

2000 余人，坚持湘鄂边的游击战争。石门县苏维埃政府也同月从白竹垭迁至贺家台办公。3 月，贺龙率红四军三次东进，征战石门。5 月，在三圣土地垭展开的战斗，打得敌人“溃不成军”，望风逃窜。此间，在鹤峰中心县委的领导和红军独立团的支持下，石门苏区又有了新发展。先后新建了 4 个区苏维埃政府（泥沙、白竹垭、古罗、磨岗隘）、8 个乡苏维埃政府。至 1931 年春，全县共建立了 11 个区苏维埃政府、37 个乡苏维埃政府和 10 个乡农协会组织，全县 68%以上的国土与湘鄂西苏区连成一片，成为湘鄂西边根据地的重要区域。

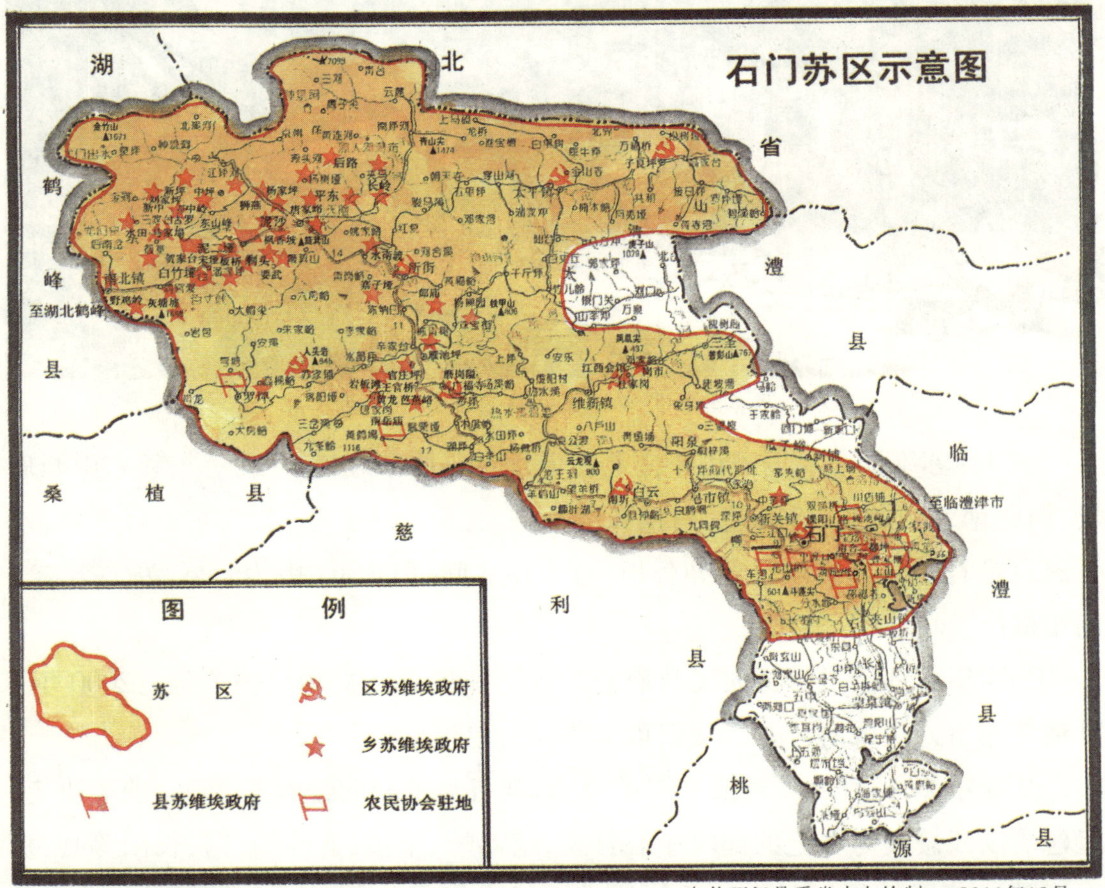

比例尺：1：550000　　中共石门县委党史办绘制　2011年12月

石门县苏区形势示意图
（1929年秋至1932年春）

一、区苏维埃政府驻地（11个）
1.白竹垭区苏维埃政府：南镇白竹垭
2.泥沙区苏维埃政府：东山峰泥二垭
3.古罗区苏维埃政府：古罗马家塌于文俊家
4.磨岗隘区苏维埃政府：磨市广福寺
5.子良坪区苏维埃政府：子良坪
6.太平区苏维埃政府：太平
7.苏家铺区苏维埃政府：苏家铺
8.澧阳区苏维埃政府：县城江西会馆
9.一区苏维埃政府（含县城、易家渡、二都坪）：二都
10.所街区苏维埃政府：所街
11.南圻区苏维埃政府：白云南圻
二、乡苏维埃政府驻地（37个）
白竹垭区（7个）：
1.南镇乡苏维埃政府：南镇
2.潘坪乡苏维埃政府：南镇潘坪村
3.野鸡岭乡苏维埃政府：南镇雅鸡岭村
4.清官渡乡苏维埃政府：南镇清官渡村灰塘坡
5.高水田乡苏维埃政府：南镇
6.宋垭乡苏维埃政府：南镇宋垭
7.板桥乡苏维埃政府：东山峰板桥
古罗区（9个）：
8.古罗坪乡苏维埃政府：中岭古罗坪
9.衙基乡苏维埃政府：中岭衙基村
10.狮燕乡苏维埃政府：中岭狮燕村
11.水田乡苏维埃政府：中岭水田村
12.大城乡苏维埃政府：南镇大城村
13.中岭乡苏维埃政府：中岭刘家坪
14.杨家坪乡苏维埃政府：泥沙杨家坪覃南楚家
15.新中乡苏维埃政府：古罗
16.新坪乡苏维埃政府：古罗
泥沙区（8个）：
17.枫香坡乡苏维埃政府：东山峰枫香坡
18.泥沙乡苏维埃政府：泥沙镇
19.耍武乡苏维埃政府：泥沙耍武村
20.后路乡苏维埃政府：泥沙后路村
21.唐家峪乡苏维埃政府：泥沙唐家峪
22.平东乡苏维埃政府：泥沙平东村

23.长岭乡苏维埃政府:泥沙长岭村

24.剩头乡苏维埃政府:泥沙剩头

磨岗隘区(6个):

25.磨岗隘乡苏维埃政府:磨岗隘

26.雁池坪乡苏维埃政府:雁池坪

27.官庄坪乡苏维埃政府:磨市官庄

28.芭蕉峪乡苏维埃政府:芭蕉峪

29.黄龙乡苏维埃政府

30.王官桥乡苏维埃政府:磨市南岳王官桥

所街区(3个):

31.寨坪乡苏维埃政府:所街寨子垭

32.所街乡苏维埃政府:所街

33.水南渡乡苏维埃政府:水南渡一郎庙

澧阳区(2个):

34.杜家岗乡苏维埃政府:岗市

35.中坪乡苏维埃政府:中坪

一区(2个):

36.梨树溪乡苏维埃政府:易市梨树溪周家祠堂

37.刘家坪乡苏维埃政府:易市刘家坪神娘庙

三、农协驻地(10个)

1.花山坪农协(属一区):二都坪

2.黄泥岗农协(属一区):二都坪

3.中渡口农协(属一区):二都坪

4.宝塔河农协(属一区):二都坪

5.曹家棚农协(属一区):二都坪

6.土山农协(属一区):二都坪

7.南台农协(属一区):二都坪

8.高桥乡农协:(属一区):二都坪

9.罗坪农协:苏市区罗坪

10.南岳农协:磨市区岩板滩南岳庙

四、区乡游击队(20个)

1.泥沙区游击队

2.泥沙乡游击队

3.白竹垭区游击队

4.清官渡乡游击队

5.高水田乡游击队

6.剩头乡游击队

7.耍武乡游击队

8.大城乡游击队

9.古罗区游击队

10.古罗乡游击队

11.狮燕乡游击队

12.水田坪乡游击队

13.刘家坪(中岭)乡游击队

14.黄龙乡游击队

15.岩板滩游击队

16.渫阳区游击队

17.苏市区游击队

18.水南渡乡游击队

19.杨家坪乡游击队

20.刘家坪游击队

石门县苏维埃政府旧址——贺家台　来源于石门县委党史办资料

白竹垭区苏维埃政府旧址

白竹垭区苏维埃政府旧址　张吉全摄

白竹垭区苏维埃政府旧址位于南北镇清官渡村高水田。

1929 年 8 月，在红四军的支持下，石门党组织在泥市泥二垭正式成立了县苏维埃政府。10 月，又组建成立了泥沙和白竹垭两个区苏维埃政府及枫香坡、潘坪、清官渡、高水田、雅吉、南镇等乡苏维埃政府。

1930 年 2 月，鹤峰中心县委加强对各苏区县的领导和指导，留守苏区的独立团派二营营长唐占益直接参与石门苏区的巩固和发展工作。上半年，组建了古罗区苏维埃政府和七乡（古罗坪）、八乡（刘家坪、狮燕）九乡（衙基）、十乡（大城）乡苏维埃政府。11 月，红二军团主力进占石门。 在前委和县委的领导下，石门苏区加快了苏维埃政府的建设步伐。全县先后建立了磨岗隘、仙阳、苏家铺、所街、一区（易家渡、二都坪）区苏维埃和耍武、棠黎溪、后路乡、官庄坪、雁池、磨岗隘、芭蕉峪、杜家岗、中坪、寨坪、水南渡、神娘庙乡苏维埃政府。1931 年 1 月，在泥沙区新建了平东、长岭、唐家峪乡苏维埃政府。

1931 年 7 月，由于敌军进犯，苏区缩小，白竹垭区苏维埃政府停止活动。

红军南北墩战斗遗址

南北墩战斗遗址　王本平摄

红军南北墩战斗遗址位于石门县南北镇政府所在地。

1931年7月,蒋介石亲统30万大军对红军中央根据地发起疯狂的第三次围剿。石门罗效之保安十团,慈利朱华生(朱疤子)保安第九团、国民党新编三十四师桑植周燮卿七旅及湖北恩施罗启疆旅,共9个团10000人兵力,纠合湘鄂边各县的反动民团向石门苏区根据地发起“围剿”。9月初,罗效之在所街召集五峰、慈利等县保安团长协商会,制定了“围剿”计划。8日,罗效之一、二大队共2000人,分别在大队长陈震(绍南)、陈显伯的带领下,从所街出发,进攻泥沙苏区。石门游击大队大队长张桂林率队员80多人,奋起反击,因敌强我弱,战斗失利,撤向泥儿垭。10日凌晨,敌人直扑县苏维埃政府所在地——贺家台,致红军两面受击。县苏维埃政府领导人唐占益、陈奇谟、杨万柳率游击队给予还击,双方激战4小时,但因弹药、兵力不足,放弃贺家台,向南北墩(南北镇)撤离。11日,红军独立团团长王炳南率领二营、三营及石门县游击大队，兵分三路，向敌军发起10多次冲锋，最后弹药耗尽，同敌展开了白刃战，激战8小时之久，红军和游击队伤亡200多人。因伤亡较重，下午5时撤出战斗，退守鹤峰大岩关、三路口一带。此时，敌大兵压境，乘势占领石门苏区。区、乡苏维埃政府除要武、南北墩两乡外，其余全部丧失。县苏维埃政府迫于敌人的追剿迁往湖北鹤峰。南北墩战斗失利，大部分苏区丧失。

南北墩炮台遗址　王本平摄

石门县红军游击大队后方医院旧址

石门县红军游击大队后方医院旧址位于湖北省鹤峰县走马坪所坪大围村。

1930年春，石门县苏维埃政府根据部队与游击队作战的实际情况，在离石门县南镇5公里的湖北省鹤峰县走马坪所坪大围朱祖富家建立了石门县游击大队后方医院，院长陈树仁(石门人)。石门县游击大队后方医院也称“红军游击大队后方医院”。

石门县红军游击大队后方医院旧址　来源于湖北省鹤峰县委党史办资料

红军胡斗南烈士墓

胡斗南烈士墓位于南北镇清官渡油蜡墩村。由其后裔于2000年10月修建。

胡斗南烈士墓　刘狂彪摄

胡斗南（1906—1931），1906年出生于南北镇清官渡油蜡墩村，学生出身，1928年参加中国工农革命军第四军，任班长，加入中国共产党。1930年7月编入红二军，任排长。1931年3月编入红三军，任红八师二十二团某连连长。1931年9月在南北墩（南北镇）作战中牺牲，时年26岁。

解放军烈士张连长、刘排长墓

解放军烈士张连长、刘排长墓位于南北镇居委会(原南镇村)。

1946 年 6 月,中共鄂西北区委、军区根据中原局的指示,为策应豫、鄂、陕的革命斗争,派第四分区司令员李人林率领原江汉军区 4 个连共 500 人,返回襄河以东地区,重建大洪山、桐柏山根据地,在大洪、桐柏等地区开展游击战争。由于国民党七十二军、六十六军第九十九师及当地保安团从东、西、北三面向李部“清剿”,在敌众我寡的情况下,李人林率部队从武当山向长江以南敌军空虚地区挺进。

1947 年 1 月 27 日,李人林部进入石门子良坪、太平街一带。在石门县游击队负责人、共产党员田中夷及部属张光远、陈大俊、田衡等的密切配合下,于太平街万寿桥一带开展游击活动 3 天。因国民党军的尾追,李人林部又被迫急行军 70 多公里返回湖北境内。甩掉追兵后,杀回马枪转移到石门南坪河。

解放军烈士张连长、刘排长墓　刘狂彪摄

2 月 7 日,李人林部从石门县南坪河乡的黄连河、神水溪出发,经骑马岩、泥沙的咸泥村直奔长岭岗,半夜奔袭 40 多公里,在长嘴河与国民党警备大队遭遇，击退了敌人，活捉一名轻机枪手和一名号兵。大部分敌军溃退至水南渡的渔洋庙。随后，李人林部在当地群众的配合下，攻克固守在水南渡渔洋庙的国民党常德警备大队，俘敌130多人，打死2人，打伤10多人，缴获轻机枪20多挺，为部队南下打通了道路。当天，李人林部经文家村至所街、龙坪一带。从2月8日开始，先后在石门磨岗隘、维新场、九渡河、苏家铺、罗坪、安溪等地与敌军周旋，开展游击战争。随后转战湖北鹤峰红鱼坪一带。

1947年2月4日，中共鄂西北区委根据当时形势，决定，由军区参谋长兼四分区司令员张才千(化名张健)率领军区机关和警卫部队及四分区主力一一四团共1200余人南下开展游击战争。27日经鹤峰县白果坪曹家廊子时，遭到国民党湖北保安第九大队的堵截。张才千部在石门游击队和当地群众的密切配合下，与敌军斗智斗勇。28日拂晓，采取一路以荀进举率领的九中队正面佯攻，一路以石门游击队员陈大俊引路的两个中队，沿绝壁从左角寺右边绕到敌后打击的战术，对敌保安大队形成夹攻之势。张才千部大获全胜。敌保安大队800余人大部被俘，少部分跳崖身亡，仅13人逃窜。

3月1日，张才千部在湖北五峰菜花台又遭到国民党整编五十二师三十三旅九十八团的偷袭。张才千部一面与敌人战斗，一面向湖北的红溪坪一带转移，与李人林部靠拢会合。

3月2日，张才千、李人林两部在湖北鹤峰红鱼坪会合师。经中央批准，两部整编为中国人民解放军江南游击纵队。张才千为司令员兼政委，李人林为副政委。李人林所率的部队编为一支队，一一四团编为四支队。整编后，纵队党委分析了当时的形势，决定由李人林率领第一支队走西路，张才千率领四支队走东路，在湘鄂川黔边界兜大圈子。以此来牵制并消灭敌人，保存我军有生力量，扩大政治影响。4月初，两支部队在沅陵大窝坪再次会合，彻底打破敌人的合围，对湖南重镇常德构成震慑之势。国民党湖南省政府惊恐万状，把江南游击纵队的到来视为心头之患。国民党“华中剿匪总司令部”慌忙调整部署，急令五十二师三十三旅九十九团尾追不舍。4 月中旬，纵队再次向西南挺进，19 日黄昏到达石门西北的泥沙宿营。当晚，获悉国民党湖南省省长王东原派出的两个保警大队近千人，天黑前已抵达磨岗隘堵截江南游击纵队，对纵队形成夹攻之势。纵队党委认为国民党正规军和地方保警素有矛盾，若我军与保警交战，九十九团袖手旁观而不增援的可能性极大。于是决定快速打掉王东源派来的保警大队，随即派出侦察班长余光月(磨岗隘人)等 3 人到磨岗隘进行实地侦察。摸清敌情后即部署主力进攻磨岗隘，以部分兵力拖后警戒，阻击可能来援之敌九十九团。20 日拂晓，部队从泥沙出发，上午 8 时许与驻磨岗隘之敌战斗打响。主攻部队第一梯队由正面攻击，第二梯队从左右两翼迂回包围敌人。经过 1 小时的激战，敌军大败，泗渫水企图逃命而溺死者上百人，其余纷纷缴械投降，俘敌总队长以下数百人。其班长以上的士官和军官当即教育释放，士兵全部参加游击纵队。磨岗隘战役是游击纵队进入江南以后打的一个漂亮仗，除增补兵员外，还补充了大量的武器、弹药、装备，极大地鼓舞了士气，沉重地打击了敌人。

石门是“江南游击纵队”的主要游击区之一，从 1947 年 1 月至 5 月，张才千、李人林率江南游击纵队在石门就游击 30 多个乡，战斗 10 余次，歼敌近两千人。

山河园

山河园　张吉全摄

山河园位于南北镇薛家村南面海拔1200米的六塔山上。

2013年7月，河北省石家庄市退伍军人王新法退休后，为感恩为他洗雪冤案的恩人曾德美，来到了她的家乡南北镇薛家村扶贫，并当上了荣誉村长。在扶贫建设调查过程中了解到土地革命战争时期红军在与白匪交战时，弹尽粮绝，最后退到“剪刀峡”舍身跳崖而壮烈牺牲的故事，十分感动，于是他想“让烈士回家”，建一所陵园。他的想法得到了村支两委的一致赞成，决定利用六塔山318亩的闲置荒地建陵园。

王新法援助资金12.3万元，在六塔山建起了陵园纪念碑，制作了68口小棺材安葬红军遗骨。村民们复垦荒地栽上了油茶。村民自发捐出楠木、红豆杉、八月桂等名贵树苗3000余株，栽种在六塔山上。

2014年3月31日陵园正式开园，园名为“山河圆”。

经查石门党史资料，南北镇曾有过武装斗争历程：

1931年秋，国民党对各革命根据地进行第三次在规模“围剿”，盘踞在湘鄂边的敌人趁红三军主力渡江之机，向苏区发起进攻。石门罗效之保安第十团、慈利朱际凯保安第九团、驻桑植周燮卿七旅及恩施罗启疆一旅共九个团，总兵力10000余人。9月初，由罗效之策划，在石门所街召开五峰、慈利等县保安团团长协商会，制定“围剿”计划。8日，罗效之一、二大队共2000人，分别在大队大队长陈震(绍南)、陈显伯的带领下，从所街出发，进攻泥沙区苏维埃政府。游击大队长张桂林率80人狙击。因敌众我寡，战斗约1小时，游击队撤出战斗，转移泥二垭。10日凌晨，敌人又围攻县苏维埃政府所在地贺家台。红军独立团二营营长唐占益和县苏维埃政府负责人陈奇谟、杨万柳率部依险死守，双方激占4小时，红军和游击队伤亡过重，被迫放弃贺家台，向石、鹤交界的南北镇撤退。11日，红军和游击队调整部署，兵分三路，向敌军发起猛烈反击，前后冲锋10多次，同敌人展开白刃战，激战8小时之久，红军和游击队伤亡200多人。因敌强我弱，被迫撤出战斗，退守鹤峰大岩关、三路口一线。石门县苏维埃政府迁移湖北鹤峰。

东山峰管理区

石门县苏维埃政府成立地遗址

石门县苏维埃政府成立地遗址——东山峰泥二垭　张吉全摄

石门县苏维埃政府成立地——泥二垭位于东山峰管理区境内。

1929年8月，在红四军的帮助下，中共石门县委在泥二垭成立石门县苏维埃政府。刘勋树任主席，汪毅夫任军事委员，杨汝南任财政经理，毛桂香任妇女主任，白硕庸任秘书。

1928年8月，贺龙率工农革命军第四军1500余人进击石门。8月25日进驻石门西北重镇磨岗隘。前委得知南乡起义失败，遂和石门县委召开联席会议，决定以石门西北乡为中心，发动武装暴动，实施武装割据，建立苏维埃。一、以磨岗隘为西北乡暴动的中心，在磨岗隘的四周如泥沙、所街、子良坪、渫(仙)阳、皂角市、磺厂、石门垭等地，以最短时间恢复并发展党的组织，公开号召农民起来暴动；二、暴动起来之后，即在磨岗隘建立农村苏维埃，实行割据西北乡，并没收豪绅地主土地，分给农民耕种；三、与安福(今临澧县)之新安、合口等暴动区域联合，向石门取包围之势，进而夺取石门县政权，向桃源、常德方向发展。前委按照决定，在磨岗隘地区开展了各项斗争活动。帮助石门县委建立了石门县斗争委员会和石门县游击大队，由陈奇谟担任斗争委员会会长，陈碧谟担任游击大队大队长。工农革命军第四军在县斗争委员会和县游击队的配合下，四处出击，打击敌人。师长贺锦斋在磨岗隘发布了《中国共产党工农革命军第四军第一师司令部布告》，宣传党和红军的革命宗旨和主张。县委委员陈奇谟、盛联熊率领游击队，捕杀了无恶不作的南岳寺“陈氏三霸”(陈家校、陈家悦、陈伯斌)，没收其财产分给贫苦农民。在此基础上，建立了石门县苏维埃，拟定县委书记曾庆萱任主席，地址设磨岗隘万寿宫。

1929年1月，贺龙率红四军攻占湖北鹤峰县城，建立了县苏维埃政府。接着向南北两翼扩展，巩固和发展了鹤峰苏区，在走马坪建立了区苏维埃政府，将石门南镇划归其中，成为石门县第一块红色区域。4月上旬，贺龙率红四军主力向五峰、长阳、石门边界拓展，红军在子良、南坪休整、筹款、扩红。曾藩支、温练之也到西北乡恢复党的组织，策应红军行动。

苏维埃政府印模　石门县博物馆提供

1929年8月，在红四军的帮助下，石门县委在泥沙区的泥二垭成立了石门县苏维埃政府。由刘勋树任主席，汪毅夫任军事委员，杨汝南任财政经理，毛桂香任妇女主任，白硕庸任秘书。为巩固和扩大苏区，成立了石门县游击大队和县赤色警卫队。游击大队大队长陈太陔，政委杨万柳，县赤色警卫队队长陈昆山。县苏维埃政府成立后，广泛开展了游击战争和政权建设。9月，杨万柳等率县游击大队在磨岗隘、仙阳等地游击半月，打击了土豪劣绅，控制大部仙阳坪。先后在泥沙、白竹垭建立了2个区苏维埃政府和泥沙、枫香坡、要武、潘坪、清官渡、高水田、野鸡岭、板桥、宋垭、南镇、狮燕、水田坪12个乡苏维埃政府。与湘鄂边苏区连成了一片。石门县苏维埃政府成立后，为巩固和扩大苏区，保卫胜利成果，进一步健全充实县游击大队，使之成为拥有300人枪的正规军事组织。但多次受到敌人的破坏和捣乱，致使刚成立不久县苏维埃政府几经移址。1929年10月，石门县苏维埃政府就从泥二垭迁至白竹垭，由陈奇谟任主席；1930年2月又迁至贺家台，由易法琛任主席；同年8月迁至石门县城，由汪毅夫任主席；9月迁至磨岗隘，由陈奇谟任主席；11月迁至贺家台，由刘滋吾任主席(1931年3月至5月由陈湘翘任主席)；1931年迁湖北鹤峰，由陈奇谟任主席。

石门县苏维埃政府旧址遗址　张吉全摄

红军丝茅岭战斗遗址

红军丝茅岭战斗遗址位于壶瓶山镇枫香坡村。

1928年9月8日，红四军在刘家峪战斗中失利。贺龙突出重围，至端寺垭与贺锦斋部会合，痛击追敌，毙敌队长文来成。遂率部经所街至安溪休整，以图再起。

9月15日，活动于巫山溪一带的唐占益游击队到安溪请援捣毁泥沙团防队，贺龙即与之策划行动方案。贺锦斋师长与唐占益率短枪队化装成“烟客”前往泥沙，首先出其不意地解决街头哨兵，接着疾扑下街团防局，团防队措手不及，死伤数十人，队长唐德一越墙逃窜。红军与游击队驻扎泥沙，公审处决恶霸两名。不久，贺龙率部也到泥沙。

丝茅岭战斗遗址　来源于石门县委党史办资料

9月22日凌晨，罗效之率挨户团400多人从水南渡出发，窜到泥沙镇，拂晓向红军发起攻击。贺锦斋为了保护贺龙，命令部队随贺龙向贺家台撤退。自己仅留手枪队与游击队吸引敌人火力，向丝茅岭靠近。丝茅岭地势利于防守，贺锦斋命令游击队两边埋伏，手枪队吸引敌兵。尾追其后的敌人，为了壮胆，不断地摇旗呐喊。红军战士韦保生按捺不住，朝敌方就是一枪。枪声的暴露，致使凶狂的敌人蜂拥而上，打乱了红军的作战部署。师长贺锦斋指挥红军越战越勇，使敌人寸步难进。敌班长吴国安等悄悄爬到侧面半坡上，居高临下，一阵扫射，一颗子弹击中贺锦斋的太阳穴，贺锦斋壮烈牺牲。贺龙率部退至桑鹤边界，继续坚持斗争。

贺锦斋烈士纪念碑

2013 年维修后的贺锦斋烈士纪念碑园　王本平摄

贺锦斋烈士纪念碑位于石门县东山峰管理区枫香坡村。

贺锦斋烈士纪念碑由石门县人民政府、石门县民政局、东山峰农場、泥沙区公所、泥沙公社管委会于 1984 年修建。碑为青石制成，呈方柱状。碑高 1.3 米，上部四角起翘，顶部为锥形，阴刻楷书“革命烈士贺锦斋纪念碑”，碑四周建有石围栏。碑地建筑面积原约 50 平方米，2011 年 12 月，石门县财政局从革命老区转移支付专项资金中拔专款，由县委党史办组织扩建。2012 年 1 月竣工，纪念碑建筑面积达 120 平方米。

贺锦斋烈士纪念碑于 1988 年 1 月被湖南省人民政府公布为湖南省重点烈

贺锦斋

士建筑物保护单位。2001 年 12 月被常德市委宣传部公布为常德市爱国主义教育基地。2013 年 5 月 7 日，被常德市政府公布为市级文物保护单位。

贺锦斋(1901—1928),原名贺文绣,1901 年 2 月 4 日出生在湖南省桑植县洪家关一个贫苦教师家庭。少时喜爱文学,擅长诗词。1919 年秋从戎,在部队里,他刻苦学习军事技术,抓紧时间读书报杂志,常常用诗词抒发自己的情怀。

1926 年秋,贺龙率部从湘西北进。贺锦斋率先头部队进攻澧县,几次强攻都没有攻下,便改变策略。贺锦斋带几名战士乔装成卖鱼的混进城里,摸清了敌人的布置。入夜,他亲带 100 余人,炸毁敌人工事,攻克澧县,生俘敌司令。部队继续北进。在湖北公安县的斗湖堤,贺龙部队与敌激战一星期。部队伤亡很大,旅长贺登吾壮烈牺牲。贺锦斋临危受命,被任命为代旅长,指挥部队继续战斗。他组织起一支敢死队向敌阵发起正面冲锋,另一支部队也迂回敌后，敌人两头受击,被迫退到长江北岸。

1927 年 6 月,贺龙率部回师武汉,整编为国民革命军第二十军。7 月下旬,贺锦斋跟随贺龙率部队从武汉出发，沿长江东下九江,然

贺锦斋烈士纪念碑　来源于石门县委党史办资料

后到达南昌。8月1日凌晨，由周恩来、贺龙、叶挺、朱德、刘伯承领导的南昌起义爆发了。贺锦斋根据总指挥部的命令，率领第一师向敌第五路军总指挥部进攻，激战4个多小时，终于歼敌一部，并迫使余部投降。10月，起义部队南下失败，贺锦斋只身辗转到达上海寻找党组织。

维修前的贺锦斋烈士纪念碑　王本平摄

1928年1月底，贺龙、周逸群等从上海回到荆江地区，在监利与贺锦斋部队会合了。随后，由周逸群、贺龙等组织中共湘西北特委，把贺锦斋等3支游击队编成3个大队，打起四十九路军的旗帜，开展革命斗争。贺锦斋率部先后攻克上车湾、朱河、砖桥、长岗庙、调弦口等集镇，消灭了一批惯匪，镇压了一批土豪劣坤，有力地配合了公安等县的“年关暴动”。

1928年2月，贺锦斋根据中共“焦山河联席会议”的决定，将部队交给石首中心县委，随同周逸群、贺龙返回湘西地区开辟革命根据地，建立工农武装。经过一个多月的共同努力，贺龙、周逸群等收编了地方武装3000多人，正式成立了湘鄂边工农革命军。贺龙任军长，贺锦斋任第一师师长。

为了扑灭革命火种，国民党反动派急忙调集贵州军阀李鑫的四十三军龙博爱旅前来“围剿”。中共湘西前敌委员会根据形势决定，把湘鄂边工农革命军化整为零，分散活动，灵活机动地打击敌人。从贵州来湘西“围剿”的龙博爱旅，两个多月不仅没找到工农革命军主力，反遭到化整为零的工农革命军的袭击，到处挨打，加之湖南军阀的排挤，龙博爱旅只好撤回贵州。

1928年7月，中国工农革命军第四军成立，贺龙任军长，黄鳌任参谋长，下辖的第一师是红四军主力，贺锦斋任师长。8 月下旬，贺锦斋率部随贺龙挥师东下，抵达石门，积极支持当地的革命斗争。9 月初，贺锦斋率部奔袭澧县大堰挡、王家厂，沉重地打击了敌人。由于叛徒出卖，红军遭到敌第十四军教导师李云杰部和多股团防武装的包围袭击，伤亡百余人。军参谋长黄鳌壮烈牺牲。贺锦斋率部英勇拼杀，冲出重围，退至泥沙一带。9 月 9 日拂晓，贺锦斋率警卫营和手枪连，掩护贺龙率主力部队突围，不幸中弹，壮烈牺牲，年仅 28 岁。

中共桑植县委于 1963 年 12 月 15 日特地将贺锦斋烈士的遗骨迁回洪家关安葬，并在烈士墓前竖起一块石碑，上刻“永垂不朽”及墓联：

“澧源歌，霞光早已照大地，

浪淘沙，革命巨浪比天高。”

桑植县洪家关贺锦斋烈士墓　王本平摄

夹山国家森林公园管理处

红军夹山战斗遗址

红军夹山战斗遗址

夹山战斗遗址位于夹山国家森林公园。

1930 年 11 月 13 日，红二军团攻占石门县城。国民党湖南省主席何键派十九师李觉部和十一师李国钧旅向石门进逼,并纠合石门团防罗效之部在夹山摆开阵势,妄图居高临下进攻红军总部。21 日清晨,贺龙率红军主力在易家渡搭浮桥南渡澧水,进抵二都坪,抢占十九峰一线山头,向夹山之敌发起猛攻。战斗不到 1 小时,负责把守夹口的罗效之部溃不成军,仓惶逃向枣儿垭。红军快速向山上守敌猛攻,李觉师和李国钧旅全线溃散,丢下大量尸体和武器,逃往临澧佘市桥等地。

澧水石门县易家渡渡口

二都坪

本页照片由王本平摄

夹山寺红军标语

夹山寺红军标语位于夹山国家森林公园夹山寺大雄宝殿后墙。标语有 4 条：

1.推翻国民党统治，建立苏维埃政权！

2.消灭军阀混战，武装保卫苏维埃！

3.消灭常备队！

4.杀尽土豪劣绅！

1930 年 11 月，贺龙率红四军猛击纠合在夹山的罗效之部。从易家渡搭桥南渡澧水，穿过二都坪，向夹山发起猛攻。红军每到一地，都会利用报告会、歌曲、标语等多种形式，唤起民众支援革命战争。

夹山林场老庙后殿大门两边红军驻扎时写作对联

夹山林场老庙前栋后墙上红军标语

夹山林场现庙心殿后墙外壁红军标语

夹山寺红军标语　王本平摄

副　　编

新编红 12 军代理军长贺声洋墓

新编红 12 军代理军长贺声洋墓位于夹山镇官渡新桥 8 组窝银湾。

贺声洋(1902—1938),又名沉洋,字家振,号靖亚,1902 年出生,临澧县官渡桥(新中国成立后划入石门县)人。祖辈务农,有地产 50 亩,足供家用。贺声洋曾

新编红 12 军代理军长贺声洋墓　张吉全摄

在佘市乡高等小学、湖南公立工业专门学校就读毕业。1924 年春，先由林永言（军政部科员）、石盛祖（国民党中央农民部干事）介绍加入国民党，再由谭延闿（时任驻粤湘军总司令）保荐报考黄埔军校。1924 年 5 月入黄埔军校第一期第二队学习，后加入中国共产党，任第二期中尉区队长，第四期入伍生部第一团上尉连长。参加两次东征和北伐战争，任国民革命军第六军连长、营附。1927 年 8 月参加南昌起义，任第二十军代理参谋长。南昌起义后，被中共党组织派赴苏联莫斯科中山大学学习，后转入列宁格勒军事学院。曾任苏联红军某部营长。1929 年初夏返沪，在中共中央军事部工作。1930 年年初，贺声洋奉命进入中央苏区，任中国工农红军军官学校第一分校学生总队长，主持日常工作。红二十军余部与闽西红二十军合编为新编第十二军后，贺声洋任代军长。1931 年春，在“肃反”中，贺声洋被中共闽西党组织开除党籍，被划为“阶级异己分子”，列为镇压对象。在同事的帮助下离开苏区。改名贺靖亚，以贺佛为笔名潜心著述。1933 年，在上海一家军事杂志社任总编。后从事翻译写作工作，靠稿费维持生活。曾翻译苏联元帅加仑的军事著作和高尔基的小说。著有《论日俄战争》。1938 年，因感染肺结核，医治无效去世。

袁东藩墓

袁东藩墓位于石门县壶瓶山镇江坪龙池河村。

袁东藩（1899—1979），又名袁平凡，1899年农历4月22日出生于石门县壶瓶山镇江坪龙池河村。1921年考入湖南省立法政专门学校。1922年考进武昌中华大学。1924年加入中国共产党。1925年夏毕业后，在石门县立初级中学任国文教员，以教书为公开职业，秘密从事革命活动。

袁东藩墓　袁东藩亲属提供

1925年冬，袁东藩赴长沙与国民党省党部和中共湖南区委取得联系，被国民党湖南省党部委任为国民党石门县党部筹备委员会主任。受中共湖南区委指派组建中共石门县特别支部委员会，并被指定担任特支书记。

袁东藩回县后，积极发展党员，先后吸收了10多名进步人士加入中国共产党。1926年年初，成立中共石门县特别支部委员会，袁东藩担任书记，兼管组织。中共石门特支成立后，石门革命形势发展很快，至9月，全县党员发展到30多人，相继建立了刘家峪、石门中学、县城区等基层支部。11月，根据中共湖南区委

袁东藩

指示，中共石门特别支部委员会升格为中共石门县委员会，袁东藩任县委书记。

1927年5月，长沙“马日事变”、常德“敬日事变”、石门“沁日事变”后，石门革命形势转入低潮，袁东藩出走武汉、北平等地后，脱离共产党组织。

1949年3月，经湖南省民政厅厅长邓飞黄推荐，袁东藩出任临澧县县长。国民党宋希濂兵团新编暂三师驻扎临澧县境，国民党特务监视十分严密。袁东藩冒着风险，秘密与中共地下组织联系，策划起义，和平解放临澧。4月，袁东藩以县长身份，约国民党临澧县党部书记蒋贞初、临澧县警察局局长侯方宇等参加湖南进步军人民主促进社，密谋起义。7月23日，驻扎临澧县城的暂三师团长陈鸿率部撤走时，要挟袁东藩率公职人员随同撤离，袁东藩坚决回绝。7月24日凌晨，袁东藩、蒋贞初、侯方宇等率部起义，迎接解放军进城，临澧县宣告和平解放。

新中国成立后，袁东藩历任临澧县副县长、常德地区运输公司经理等职。1979年8月23日病逝于常德。

伍伯显墓

伍伯显墓　张吉全摄

伍伯显墓位于石门县雁池乡水晶庙村兰香坪。

伍伯显(1865—1963),又名伍经忠,1895 年农历 8 月 28 日出生于苏家铺水晶庙村。1923 年考入北京大学文学系。1925 年在上海大学加入中国共产党。1926 年春在广州参加北伐军,任国民革命军总司令部政治部秘书。北伐军到长沙后,伍伯显留湖南省立高等工业学校任教,从事学生运动。后调任省农协会秘书。

1927 年 5 月,长沙“马日事变”发生后,中共湖南省委指定伍伯显为中共石门县委书记,回石门负责恢复县委及基层组织重建工作。7 月,中共石门县委恢复,伍伯显任县委书记。11 月,伍伯显参加中共湘西特委会议返县后,因其真实身份暴露,被迫在传达会议精神部署“年关暴动”后,离开石门县城,到石门县西北乡从事地下活动。1928 年 3 月,“石中惨案”发生,石门党组织遭到破坏,伍伯显被通缉。

伍伯显随贺龙红四军到鹤峰，担任中共鹤峰县委书记兼鹤峰县苏维埃政府主席。1931 年 4 月任中共湘鄂边特委委员。红二军团主力游击洪湖,成立湘鄂边独立团,伍伯显任独立团政治部主任。

伍伯显

1934 年，湘鄂西根据地失陷。红二、红六军团主力渡江北上，伍伯显因患重病在公安就地隐蔽治疗不幸被俘，囚于石首藕池区公所。后寻机逃脱回到石门，但与党组织失去联系。

1942 年春，受湖南私立九澧中学之聘担任语文教员。1947 年应邀担任石门县民众教育馆馆长

1949 年 7 月 25 日，石门县城解放后，伍伯显积极协助剿匪，为争取慈利匪首朱际凯、石门匪首陈金次缴械投降做出了贡献。

1950 年 6 月，伍伯显被省政府聘为省参事室参事。1950 年 10 月，伍伯显作为常德地区特邀代表，出席了湖南省首届人民代表会议。1951 年任湖南省中山图书馆代理馆长。1951 年 9 月随省土改工作团到溆浦县参加土改。土改结束后仍回省参事室工作。撰有《猎人闲话》《红军独立团始末》等。1963 年 8 月 11 日在长沙病故。

郑洞国将军故居遗址

郑洞国将军故居遗址——洞国学校 张吉全摄

郑洞国将军故居遗址位于石门磨市镇商溪河洞国学校。

郑洞国(1903—1991),字桂庭。1903 年 1 月 13 日出生于石门县磨市镇商溪河。

1924 年,郑洞国顶用别人姓名通过考试成为黄埔军校第一期的学生。同年 10 月,参加平定广州反动商团叛乱的战斗,担任广东军政府警卫。11 月,黄埔一期学生提前毕业,郑洞国被派任教导一团第二营第四连党代表。

1925 年 2 月,他随校军东征。次年,改任国民革命军第一军第三师第八团第

郑洞国

一营营长。1926年7月，他随部编入东路军参加北伐，作战积极勇敢。次年6月，任第八团团长。1927年10月任东路军总指挥部参议。1928年3月，任第九军教导团团长。1931年底，他升任第二师第四旅旅长。1933年春，侵华日军企图进占华北，大举进攻长城各口。他率部驰援，在古北口与日军血战两个月，给日军以重创。1933年秋，他奉命入南京中央军校高等教育班受训。1934年6月，被派任第二师师长。“七七”事变后，全面抗战爆发，他率第二师参加了平汉路保定会战。1938年3月，郑洞国率第二师参加徐州会战，在震惊中外的台儿庄大捷中战功显著，升为第九十五军军长，后率部参加武汉会战。同年底，郑洞国任国民党第一支机械化部队——新编第十一军(后改为第五军)副军长兼荣誉第一师师长，率部参加昆仑关战役，指挥荣誉第一师担任正面主攻任务，同日军血战20余日，两度攻入昆仑关。昆仑关战役后，郑洞国升任新编第十一军军长，旋改任第八军军长，率部参加鄂西会战，并担任宜昌以西、宜都以北、长江一线防务近2年之久，多次击退日军进攻。

1943年春，郑洞国参加中国远征军，被派往印度担任新一军军长。5月中旬，收复缅北要地密支那的战斗打响。日军拼死抵抗，致使密支那久攻不下。7月上旬，郑洞国前往密支那指挥作战。他亲临前线，认真观察、分析守城日军的防守特点。见日军依托工事，以逸待劳，打不了就躲进地下，于我不利。于是决定采取针锋相对的办法，掘壕推进，分割包围，逐个歼灭。7月7日，中国军队发动全面攻击，使用密集炮火，对敌进行地毯式轰炸。日军通信设施全部切断，指挥失灵。8

月3日，中国军队又发起总攻，导致日军全线崩溃，密支那城防司令官水上源藏切腹自杀，残余日军全部被歼灭。这场攻坚战，摧毁了日军在缅北最后的战略重镇，日军缅北防御体系从此土崩瓦解。

抗战胜利后，他当选为国民党中央候补执行委员，授中将军衔。蒋介石全面发动内战后，他任东北保安副司令长官、代理司令长官。人民解放军打得国民党军节节败退，主力损失惨重，他看到国民党在东北战场的覆亡命运已不可挽回，请假去北京治病，想脱离东北战区。蒋介石却令他兼任第一兵团司令，组织部队去守长春。

1948年6月起，解放军围困长春5个月，他率部突围，出城后遭到解放军猛烈截击，又退回孤城死守。所部第六十军军长曾泽生率部起义后，他仍率特务团死守中央银行大楼，还亲笔写下与蒋介石的诀别书。10月19日凌晨，解放军攻打中央银行，他率部投诚。毛泽东为中央军委起草致东北局的电文中指出："郑洞国为黄埔高级军官，此次又率部投降，应予以礼遇。"

1943年郑洞国驻军印度，前排右起郑洞国、蒋纬国、蒋介石、宋美龄、蒙巴顿　来自网络资料

1950年，他去上海治病路过北京

时，受到周恩来的接见，肖劲光和肖华劝他出来工作，他以不愿与故旧兵戎相见为借口而拒绝。他目睹人民政府管理上海的井然有序、生机勃勃、安居乐业的情景，受到深刻教育，后来在自传上写道："在事实面前，我真是叹服了。"1952 年春节后，他到北京，坦诚地向周恩来汇报了对中国共产党的新认识，表示愿意参加新中国的建设事业，受到周恩来的嘉勉。6 月举家迁往北京，任水利部参事和全国政协文史专员。1954 年 9 月，在第一届全国人民代表大会第一次会议上，毛泽东亲自提议他为国防委员会委员。

郑洞国是全国政协第三、四届委员，第五、六届常委。第五、六、七届民革中央副主席。黄埔同学会副会长。

1991 年 1 月 27 日在北京逝世。

郑洞国将军墓

抗日名将郑洞国将军墓有两处，一处位于夹山国家森林公园，一处位于磨市镇商溪。

郑洞国(1903—1991)，字桂庭，1903 年 1 月 13 日生于石门县商溪河(今磨市镇)。1924 年，他考入黄埔军校一期。曾参加过东征和北伐，历任国民革命军营长、团长、旅长、师长。1943 年，郑洞国任中国驻印军新编第一军军长和中国驻印军副总指挥，率部会同盟军抗击日军，取得骄人战果。1948 年 10 月 19 日，时任东北行辕副主任、东北“剿共”副总司令、兼任第一兵团司令官和吉林省主席和吉林省保安司令的郑洞国，在长春率部投诚。新中国成立后，历任水利部参事，国防委员会委员，全国政协第三、四届委员，全国政协第五、六届常务委员，第五、六、七届民

位于夹山国家森林公园郑洞国将军墓　王本平摄

革中央副主席，黄埔军校同学会副会长。1991 年 1 月 27 日，郑洞国将军病逝于北京，享年 88 岁。

2006 年，根据郑洞国将军生前落叶归根的遗愿，将其骨灰从八宝山公墓第二陈列室移葬夹山国家森林公园。4 月 5 日（清明节），举行了隆重的移葬仪式。

抗日名将郑洞国将军墓址铭碑　王本平摄

郑洞国将军墓夹山坐北朝南，占地 60 多平方米，墓为方形，汉白玉砌成，墓碑顶端刻有缠枝花纹，墓前有石灯点缀，墓地和台阶两侧植有柏树和樟树。墓地入口处立有石门县委、县政府所制大理石碑，正面刻“抗日名将郑洞国将军墓址”，背面刻有中共石门县委统战部撰写的“郑洞国将军生平简介”。

郑洞国将军墓于 2011 年 1 月被湖南省人民政府公布为文物保护单位。

位于磨市镇的郑洞国将军墓（中）　张吉全摄

沈克家、林贞淑夫妇墓

沈克家、林贞淑夫妇墓位于石门县夹山国家森林公园管理处夹山寺居委会。

沈克家、林贞淑夫妇墓占地约1亩，墓坐西朝东，墓冢成圆形，墓高3米，直径5米。基道两侧立有石门县第一中学、临澧县第一中学、常德市第一中学、湖南中医学院纪念碑各一块。墓冢后有墓志铭墙。墓地为青石地面。

沈克家、林贞淑夫妇墓于2004年12月被石门县人民政府公布为文物保护单位。2013年5月7日，被常德市人民政府公布为文物保护单位。

沈克家(1911—2003)，1911年农历九月十三日出生于临澧县修梅镇赵家巷，10岁时过继到石门夹山林家。青年时期先后在临澧、常德、北京求学。1988年10

沈克家、林贞淑夫妇墓　王本平摄

沈克家

月在湖南中医学院离休。2003 年 12 月 13 日病逝于长沙，享年 93 岁。林贞淑(1906—1987)，1906 年农历四月十九日出生，1987 年 7 月 9 日去世，享年 81 岁。

沈克家参加了著名的“一二·九”学生运动和抗日救国宣传活动，是一位宣传革命的活跃分子。在临澧县立 14 中学担任英语教员时，上级党组织派方用和丁正两位同志领导常德的地下活动，沈克家与他们接上头，遂成为亲密战友，共同从事常德地下党活动。1949 年 3 月经方用介绍，沈克家加入了中国共产党，他经常以教学为掩护，以找学生谈话为名，从事地下工作。1949 年 5 月，党组织派他到石门宣传解放战争的胜利形势和党的政策，为地下党组织发展准备工作，并密切注意敌人动向，防止他们破坏活动，并与其他同志一道不顾安危深入虎穴，与反动当局谈判，最终没费一兵一卒、没放一枪一炮和平解放石门。接着，他又在石门举办青年知识分子培训班，培育进步青年和革命人士，为人民政权开展工作创造了条件，为和平解放石门做出了贡献。

新中国成立后，沈克家为常德市第一中学首任校长。在30年的校长生涯中，他秉着“铸民族魂，育栋梁材”的宗旨，坚持“招生严、择师严、治校严、执教严”的办学原则，为全国高等院校输送了大批优秀生源。由于成就显著，常德市第一中学成为全省首批重点中学。

沈克家、林贞淑夫妇墓　王本平摄

张海涛墓

张海涛墓位于石门县夹山镇两合村8组道锣山爬子脑。

张海涛(1898—1956),又名张声迟,1898年农历9月27日出生在夹山镇官渡桥两合村。1925年1月考进黄埔军校第三期学习,1926年1月结业参加北伐军,后随贺龙参加南昌起义。

1927年秋,张海涛回到石门南乡,秘密加入中国共产党,参与地下革命活动。

1928年2月,贺龙、周逸群等经上海、武汉回湘西,途经石门南乡,在张海涛家召开紧急会议,部署南乡起义。

张海涛墓　张吉全摄

1928年3月"石中惨案"发生,县委委员苏清镐、邢业炳蒙难,县委书记张仲平被迫离开石门。

4月,贺龙、周逸群等以中共湘西前委名义指定张海涛代理中共石门县委书记,与袁任远等组织南乡起义。5月,中共湘西特委任命曾庆萱为中共石门县委书记,组织石门南乡起义。张海涛则受贺龙、周逸群之命,北上太平街、子良坪,开通松滋、五峰地下交通线。

1929年7月,湘西工农革命军成立第二路指挥部,张海涛任第二路第十二团党代表。

1930年4月初,贺龙率红四军从湖北鹤峰出发,去公安县与红六军会师。在湖北松滋、刘家场、西斋、街合子一带，被公安县团防、国民党军独立第十四团彭启标部、石门县团防罗效之部、澧县团防刘铭武部三面包围，处境十分险恶。4月20日，张海涛奉贺龙之令率红十二团进攻分水岭，与石门县团防罗效之部展开激战，打垮了来犯之敌，保证了土地垭之战的胜利。7月，红四军与红六军在公安县南坪会师，建立红二军团。张海涛任红二军十七师五十团团长。

1931年，湘鄂边特委受王明左倾路线影响，在苏维埃政府和红军内部开展清除“改组派”运动，大肆捕杀党政军干部。张海涛为免遭劫难，愤然离开红军，回到家乡。曾担任过石门县蒙泉区区长、常（德）、石（门）、临（澧）、澧（县）、桃（源）、慈（利）六县联防办事处参谋长、民主联盟陆军独立第一师参谋长等职。

1949年石门解放后，张海涛曾协助蒙泉区区长梁维汉征粮支前，做了一些有益的工作。1950年冬，石门县开始土改试点，张海涛随常德专署专员陈采夫去常德。1951年开展清匪反霸斗争，因群众提出异议，张海涛被送交教养团，让其改过自新。1956年5月13日病逝，享年58岁。

抗战阵亡将士纪念碑

抗战阵亡将士纪念碑位于石门县楚江镇第一完小校园内。

1946年,石门各界为纪念在石门保卫战中的阵亡将士,在县城立碑纪念。

抗战阵亡将士纪念碑用青石制作,碑座为方形,宽1米,高0.6米,碑为方形,柱状,顶端为锥形,高1.64米,上楷书阴刻:"抗战阵亡将士纪念碑"。

抗战阵亡将士纪念碑　王本平摄

抗战阵亡将士纪念碑于1984年5月被石门县人民政府公布为文物保护单位。

1943年11月初,日军出动16万精兵,自华容至松滋地区之间分3路向西北发动强攻,妄图一举占领常德,威胁长沙、衡阳。中方共约21万官兵奋起抗击。11月6日,日寇集结10万重兵围攻石门,国民革命军第七十三军暂编第五师师长彭士量统帅三军,固守石门。暂五师与日寇在青山尾、大尖山、金鸡观、牛角尖、白沙渡、双溪桥、百步墩等地展开激战,多次打退日军的进攻,经过连续八昼夜的激战死守,15日下午3时许,因国民革命军伤亡过大,日军兵力数倍于国军守军,加之友军隔断,增援不及,守军奉命撤出石门。彭士量师长在激战中壮烈牺牲。

彭士量率领暂编五师奋战石门，与敌死拼，消耗了日军大量兵力，拖延了时间，为常德会战赢得最终胜利，“彭师长厥功甚伟”。

相关连接：

位于南岳衡山的彭士量烈士墓及碑刻　张吉全摄

彭士量(1904—1943)，号秋湖，湖南浏阳人，生于1904年8月5日。1924年以优异的成绩考入进入湖北明德大学。1926年因受孙中山革命思潮的影响，投笔从戎，考入黄埔陆军军官学校第四期。毕业后，彭士量被分配到陆军第十师，历任排长、连长、营长等职，参加北伐。

1928年起任31师副团长、87师团长。1932年，彭士量被选派到陆军大学第十一期学习。从陆军大学毕业后，从1935年底起任陆军第八十三师上校参谋处长，后任第五补训处上校团长，预备第四师少将参谋长、副师长等职。

彭士量与儿女　来源于石门县委党史办资料

1941年,调任第六战区长官部高级参谋兼干训团教育处处长。1942年,任陆军暂编第五师副师长。1943年代理师长。11月任师长。

1942年夏季,日军集中数万部队,动用海陆空三军向洞庭湖西岸地区发动进攻。彭士量率领暂编第五师,在华容县城郊一线与日军展开战斗,双方相持达一月有余。

是年11月,日军再次集结重兵向常德、桃源一线阵地发动进攻。彭士量率领陆军暂编第五师奉命把守石门。

1943年,日寇集中优势兵力,侵犯洞庭湖粮区,彭士量将军率部转战华容城郊与敌相持数月,屡挫日寇威风,顺利完成保收夏粮的任务。

日寇为打破我军队反攻准备,决定夺取常德战略要地。彭士量师长的暂五师奉命固守常德前哨的石门县城。日寇对石门是意在必得,11月6日,日军以10万兵力,分三路合围石门。密集的日军步兵像洪水般涌向我防线,用飞机、大炮猛烈轰炸我军。彭士量沉着应战,亲临前线鼓励士兵们奋勇杀敌,报效国家。暂五师在彭士量师长指挥下,奋勇争先、努力杀敌。一次次与突上阵地的日军白刃搏击,往返冲杀。

14日晨,敌又增加援兵多次猛扑均未得逞,乃施放毒气,致使红土坡的我加强营全体官兵壮烈牺牲。后来北面防线被突破,彭师长率兵巷战,将窜入之敌全部歼灭。敌人数次冲锋,又以云梯攻城,局势危急,彭师长亲自到西城巡查,并增筑工事,谕官兵死守,并电呈上峰:决与石门共存亡。

国民政府军事委员会下令七十三军后撤,放弃石门。但此时该军正与日军全线激战，根本无法脱离接触。为了挽救七十三军，暂五师师长彭士量挺身而出，担负掩护全军撤退的重任。

14日夜间，暂五师在彭士量师长指挥下死据石门，掩护全军南撤。

15日天刚明，日军几度攻城均被暂五师击退。彭师长已连续苦战八昼夜，部队伤亡过半，敌人兵力又超我军数倍，下午3时许，几处城垣被突破，暂五师全体官兵继续在城内与敌展开残酷的肉搏战。彭师长身先士卒，街、巷、民房皆成死守据点。

当掩护七十三军撤退任务完成后，暂五师于15日黄昏奉命撤出石门县城，但在渡河时遭遇日寇的围击，彭士量亲自指挥部队奋力突围时，不幸在南岩门口被敌机枪击中要害，身受重伤。此时，他还喊杀不止，忠勇之气感动得在场的官兵哭声不绝。临终之前，拼力高呼："大丈夫为国家尽忠，为民族尽孝，死何憾焉！"。彭士量壮烈殉国，年仅39岁。

暂五师官兵渡河处　王本平摄

彭士量在抗战中亲临前线，与日军拚搏战死沙场，消耗了日军大量兵力，拖延了敌人进攻的时间，为常德会战赢得最终胜利，"彭师长厥功甚伟"。

在收殓彭将军的遗体时，发现了遗嘱两份：

（一）本师全体官兵：

余献身革命，念年于兹，早其牺牲决心，以报党国，兹奉令守备石门，任务艰巨，当与我全体官兵同抱与阵地共存亡之决心，歼彼倭寇，以保国土；倘于此次战役中，得以成仁，则无遗恨。惟望我全体官兵，服从副师长指挥，继续杀敌，达成任务。

师长　彭士量　十一月十二日

（二）苏政吾妻：

余廉洁自持，不事产业，望余妻刻苦自持，节俭以活，善侍翁姑，抚育儿女，俾余子女得以教养成材，以继余志。

此嘱　秋湖　十一月十二日

彭士量将军牺牲后，国民政府追授他为陆军中将。1985 年 5 月 28 日，四川省人民政府报民政部追认彭士量为革命烈士。是首批入驻湖南革命烈士纪念塔的国军抗日将领。南岳忠烈祠有烈士的纪念碑、遗书和墓地；台北忠烈祠有烈士的灵位、大幅照片和三种文字的事迹介绍。

位于南岳衡山的彭士量将军墓碑、简介碑　张吉全摄

彭士量将军殉国处——岩门口遗址

岩门口遗址位于新关镇安乐村岩门口。

岩门口遗址（石门）文物保护单位铭碑　王本平摄

岩门口遗址由县文物局、县博物馆、新关镇政府组织筹建，2015年11月动工，12月4日建成，5日举办开园仪式。“彭士量将军殉国处纪念碑”由民革中央副主席郑建邦先生提书，碑高8.29米，宽3.39米，底座宽5.59米。2016年1月被石门县政府公布为第五批县级文物保护单位。

彭士量将军殉国处——岩门口遗址　王本平摄

岩门口　王本平摄

相关连接：岩门口抗战公园

岩门口抗战公园，位于石门县城西北部8公里的新关镇安乐村，岩门口又称南门口。抗战时期的石门保卫战中，国军暂五师师长彭士量将军率部保护军部撤退时，与千余将士殉国于此。

抗战公园规划占地面积20多公顷，分近、中、远三期工程，由纪念坊（石牌楼）、神道、纪念碑、纪念亭、纪念阁、纪念馆、战壕等组成。

在民革中央副主席郑建邦先生的关怀下，在石门县委原副书记徐荩的关照下，在新关镇政府的支持下，石门县文物局、石门县博物馆为了纪念抗战胜利70周年，本着对彭士量将军崇敬、怀念的理念，整个公园的主体设计均以彭士量将军、73军阵亡将士碑刻为中心，由新关镇人民政府2015年11月动工新建，至今

“石门开 福气来”碑 王本平摄

公园已立大小碑刻30多块。“彭士量将军殉国处纪念碑”由民革中央副主席郑建邦先生题书，碑高8.29米，宽3.39米，底座宽5.59米，碑的下座四方均铭刻彭士量将军遗言。“郑勋参谋长殉国处纪念碑”由民革湖南省委主委、省政协副主席刘晓先生题书，另有参与石门保卫战的国民革命军陆军第73军及其所属暂五师、第77师、第15师纪念碑刻4块，彭士量将军后裔题诗碑刻4块，石门抗战史有关资料节选碑刻墙一面（碑刻10多块），古人抒怀有关石门诗赋碑刻8块，启功书法碑刻2块，宋代大书画家米芾手书“石门”、黄庭坚手书“岩门口”字迹已镌刻在公园的石壁上，湖南省文化厅原厅长周用金题书“石敞清泉出，门开贵客来”刻于千年

第七十三军抗战阵亡将士公墓、简介碑 王本平摄

岩门上。石门县书法家卿远舟题书“五彩石门、五福临门”、李九国题书的“石门开，福气来”耸立在此。

建设抗战公园，是为了展示石门铁血抗战史，警醒千秋万代人，勿使英雄流血又流泪；是为了共同开发沿江澬澧风光带，打造石门县城的西郊公园；是为了构建岩门口月光洲湿地公园；更是为了挖掘战死于新关的元朝马安将军以及新关名人辛亥革命上将林德轩，著名教育家申悦庐、杨万忠，革命烈士龙在前、邓恒泰、阎昌奎的事迹，让石门现代自然景观与地方厚重的历史文化相融合，铸造石门经典文化旅游品牌。

暂五师参谋长郑勋殉国处碑　王本平摄

彭士量将军亲属诗文碑刻　王本平摄

夹山抗日碉堡群

夹山抗日碉堡群位于石门县夹山镇邵福寺 4 组(原停队村 4 组)。

碉堡群共有碉堡 4 座,均为钢筋混凝土结构,二面设射击孔,大小、形状相差无几,直径约 3.5 米,内高 1.5 米。二个射击孔下设三个放弹匣处。

夹山抗日碉堡群于 1998 年 12 月被石门县人民政府公布为文物保护单位。

1943 年,日军为了换回其在中国战场上的屡屡受挫和失利,千方百计打通中国内陆的交通线,打击中国主力部队,决定发动常德会战。他们调动 5 个师团、1 个独立旅团、26 个联队、5 个独立大队近 10 万之众投入会战。还配备 130 余架各

夹山抗日碉堡群　张吉全、刘狂彪摄

式军机及汽艇、六五口径山炮等。为了抗击日本侵略者，国民革命军陆军第七十三军暂编第五师奉命把守石门。当时，国民革命军第七十三军为抵御日军进犯二都、蒙泉、白洋等地，充分利用石门的地形修筑了碉堡。

1943 年 11 月初，日军大举入侵石门，由此拉开了石门保卫战的序幕。国民革命军暂编第五师在师长彭士量指挥下，展开英勇奋战。经过八昼夜的激战，终因敌我力量悬殊、友军增援不及等而致石门失守，暂编第五师几乎全军覆没，师长彭士量壮烈牺牲。石门保卫战虽然失败了，但是挫伤了日军的锐气，为常德会战赢得了时间，为常德会战的最终胜利奠定了基础。

碉堡群保存完整，成为石门军民英勇反击日本侵略者的历史见证。

夹山抗日碉堡群　张吉全、刘狂彪摄

新街口抗日碉堡

新街口抗日碉堡位于石门县二都乡新坪村10组的澧水南岸。碉堡北临澧水，新街口对岸，距南侧石门县中美矽砂矿约50米。

碉堡为单体圆形钢筋水泥结构，厚实坚固，直径4.4米。碉堡有三个射击孔，最大的正对北岸渡口，顶部正中有25厘米的正方形通气口。

新街口抗日碉堡于1998年12月被石门县人民政府公布为文物保护单位。

1943年，日军为了挽回其在中国战场上的屡屡受挫的失利，决定发动常德会战。日军调动5个师团、1个独立旅团、26个联队、5个独立大队近10万之众投入会战，还配备了130余架各式军机及汽艇、六五口径的山炮等。为了抗击日本侵略者，国民革命军陆军第七十三军暂编第五师奉命把守石门，当时，国民革命军第七十三军充分利用石门的地形修筑了碉堡等防御工事。

1943年11月初，日军大举入侵石门，由此拉开了石门保卫战的序幕。国民革命军暂编第五师在师长彭士量指挥下，展开英勇奋战。经过八昼夜的激战，终因

新街口抗日碉堡　石门县博物馆提供

敌我力量悬殊、友军增援不及等而致石门失守,暂编第五师几乎全军覆没,师长彭士量壮烈牺牲。石门保卫战虽然失败了,但是挫伤了日军的锐气,为常德会战赢得了宝贵的时间,为常德会战的最终胜利奠定了基础。

新街口抗日碉堡成为坚守澧水新街口的重要据点,许多抗日官兵在此殉国,长眠于此。该碉堡保存完整,成为石门军民英勇反击日本侵略者的历史见证。

新街口抗日碉堡　石门县博物馆提供

月亮湾抗日碉堡

月亮湾抗日碉堡位于石门县二都乡月亮社区 9 组。月亮水库大坝北侧，距省道 S304 线 1.5 公里，东北方向是石长铁路，西侧 80 米处是湖南石门大唐电厂。

碉堡为帽檐形，全长 5.5 米，高 2.5 米，直径 3.3 米，由钢盘水泥类杂碎石修成，有两个射击孔，孔宽 1.3 米，高 0.6 米，一孔朝西北，一孔朝东偏北。

月亮湾抗日碉堡于 1998 年 12 月被石门县人民政府公布为石门县文物保护单位。

1943 年，日军为了挽回其在中国战场上的屡屡受挫的失利，决定发动常德会战。日军调动 5 个师团、1 个独立旅团、26 个联队、5 个独立大队近 10 万之众投入会战，还配备了 130 余架各式军机及汽艇、六五口径的山炮等。日军气焰嚣张，位于常德西北端的石门县城也未能幸免。为了抗击日本侵略者，国民党陆军第七十三军暂编第五师奉命把守石门，当时，国民党第七十三军充分利用石门的地形修筑了许多碉堡等防御工事。

1943 年 11 月初，日军大举入侵石门。国民革命军暂编第五师在师长彭士量指挥下，展开英勇奋战。经过八昼夜的激战，终因敌我力量悬殊、友军增援不及等

月亮湾抗日碉堡　石门县博物馆提供

月亮湾抗日碉堡　石门县博物馆提供

而致石门失守,暂编第五师几乎全军覆没,师长彭士量壮烈牺牲。石门保卫战虽然失败了,但是挫伤了日军的锐气,为常德会战赢得了宝贵的时间,为常德会战的最终胜利奠定了基础。月亮湾抗日碉堡成为石门军民英勇反击日本侵略者的历史见证。

颜昌佑抗日碉堡

颜昌佑抗日碉堡　石门县博物馆提供

颜昌佑抗日碉堡位于石门县二都乡天供山村2组，东北距二都乡轮窖砖厂3000米，南靠十九峰山脉，距石门火车南站家属楼约100米，北距曹市公路约200米。

碉堡为圆形，入口处为长方形，为钢筋混凝土结构。南北有两个射击孔，分别对东西两面。碉堡高2.3米，长5米，宽3.6米.入口处宽80厘米，高1.8米，碉堡壁厚70厘米，射击孔长为1.2米，宽0.38米。

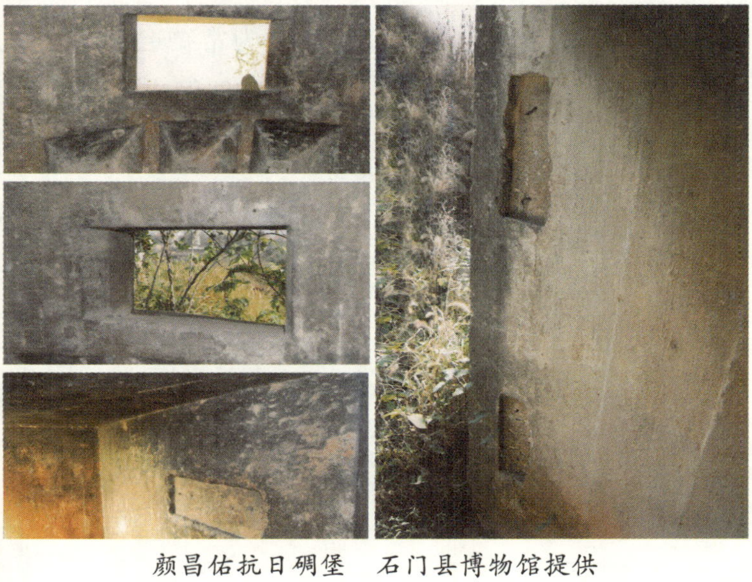

颜昌佑抗日碉堡　石门县博物馆提供

颜昌佑抗日碉堡于1998年12月被石门县人民政府公布为文物保护单位。

1943年，日军为了挽回其在中国战场上的屡屡受挫的失利，决定发动常德会战。日军调动5个师团、1个独立旅团、26个联队、5个独立大队近10万之众投入会战，还配备了130余架各式军机及汽艇、六五口径的山炮等。日军气焰嚣张，位于常德西北端的石门县城也未能幸免。为了抗击日本侵略者，国民革命军第七十三军暂编第五师奉命把守石门，当时，国民革命军第七十三军充分利用石门的地形修筑了碉堡等防御工事。

1943年11月初，日军大举入侵石门。国民革命军暂编第五师在师长彭士量指挥下，展开英勇奋战。经过八昼夜的激战，终因敌我力量悬殊、友军增援不及等而致石门失守，暂编第五师几乎全军覆没，师长彭士量壮烈牺牲。石门保卫战虽然失败了，但是挫伤了日军的锐气，为常德会战赢得了宝贵的时间，为常德会战的最终胜利奠定了基础。抗日战争虽然过去了60年，颜昌佑抗日碉堡群及其弹痕成为石门军民英勇反击日本侵略者的历史见证。

天供山抗日碉堡

天供山抗日碉堡位于石门县二都乡天供山顶，属南峰村1组，距村公路1.5公里,距月亮水库约3公里,山坡上有杉树及当地居民顺山势开垦的农田。

碉堡为长方形,入口处宽2.8米,深3.3米,高1.7米。坐东朝西，由钢筋水泥夹碎石修成,有一个宽30厘米、高30厘米的射击孔。

天供山抗日碉堡于1998年12月被石门县人民政府公布为文物保护单位。

1943年,日军为了挽回其在中国战场上的屡屡受挫的失利,决定发动常德会战。日军调动5个师团、1个独立旅团、26个联队、5个独立大队近10万之众投入会战,还配备了130余架各式军机及汽艇、六五口径的山炮等。为了抗击日本侵略军,国民革命军第七十三军暂编第五师奉命把守石门。当时,国民革命军第七十三军充分利用石门的地形修筑了碉堡等防御工事。

天供山抗日碉堡　石门县博物馆提供

1943 年 11 月初，日军大举入侵石门。国民革命军暂编第五师在师长彭士量指挥下，展开英勇奋战。经过八昼夜的激战，终因敌我力量悬殊、友军增援不及等而致石门失守，暂编第五师几乎全军覆没，师长彭士量壮烈牺牲。石门保卫战虽然失败了，但挫伤了日军的锐气，为常德会战赢得了宝贵的时间，为常德会战的最终胜利奠定了基础。

天供山抗日碉堡　石门县博物馆提供

天供山抗日碉堡保存完整，成为石门军民英勇反击日本侵略者的历史见证。

白鹤垭抗日碉堡

白鹤垭碉堡位于石门县夹山镇停队村白鹤垭。

碉堡为钢筋混凝土结构，二面设射击孔，大小、形状相差无几，直径约3.5米，内高1.5米。二个射击孔下设三个放弹匣处。

白鹤垭碉堡于1998年12月被石门县人民政府公布为文物保护单位。

1943年，日军为了换回其在中国战场上的屡屡受挫和失利，千方百计打通中国内陆的交通线，打击中国主力部队，决定发动常德会战。他们调动5个师团、1个独立旅团、26个联队、5个独立大队，近10万之众投入会战，还配备130余架

白鹤垭抗日碉堡　石门县博物馆提供

各式军机及汽艇、六五口径山炮等。日军气焰嚣张，位于常德西北端的石门县城也未能幸免。为了抗击日本侵略者，国民革命军第七十三军暂编第五师奉命把守石门。当时，国民革命军第七十三军为抵御日军进犯二都、蒙泉、白洋等地，充分利用石门的地形修筑了碉堡。

白鹤垭抗日碉堡　石门县博物馆提供

1943年11月初，日军大举入侵石门。国民革命军暂编第五师在师长彭士量指挥下，展开英勇奋战。经过八昼夜的激战，终因敌我力量悬殊，友军增援不及等而致石门失守，暂编第五师几乎全军覆没，师长彭士量壮烈牺牲。石门保卫战虽然失败了，但是挫伤了日军的锐气，为常德会战赢得了宝贵的时间，为常德会战的最终胜利奠定了基础。

白鹤垭碉堡成为石门军民英勇反击日本侵略者的历史见证。

参考书目

1.《中共石门地方史》(第一卷)(中共石门县委党史办著)

2.《中国共产党石门历史》(第二卷)(中共石门县委党史办著)

3.《石门人民革命斗争史》(中共石门县委党史办编印)

4.《石门英烈传》(中共石门县委党史办、石门县民政局编印)

5.《石门县志 》(中国文史出版社出版)

6.《湖南省石门县组织史资料》(中共石门县委组织部、中共石门县委党史办编)

7.《石门苏区历史研究》(第一辑)(中共石门县委党史办编)

8.《民国石门县志校注》(石门县政府地方志办编)

9.《征途纪实》(湖南人民出版社出版)

10.《芙蓉骄子》(中央文献出版社出版)

11.《石门县革命烈士英名录》(石门县人民政府编)

12.《湘鄂西英烈业绩永存》(中国展望出版社出版)

13.《湖南红色地图集》(湖南地图出版社出版)

14.《清同治石门县志校注》(石门县人民政府地方志办编)

15.《湖南省革命遗址通览》(第8册)(中共党史出版社出版)

16.《湖南省烈士英名录》(第5卷)(湖南省革命烈士传编纂委员会编)

17.洪湖、监利、长阳、五峰、鹤峰、桑植、保靖、永顺、永定、慈利、贵阳等市、县党史部门(档案馆、纪念馆)提供的有关革命遗址资料、图片

18.石门县档案馆、博物馆、民政局等单位保存的相关遗址资料

19.石门县政府网、石门新闻网及省、市、县党史网站公布的相关资料

20.烈士亲人提供的照片及资料

编 后 语

在《石门县革命遗址遗迹》付梓之际，编者觉得有必要写一写它的编纂过程，帮助读者朋友们去了解它、珍视它、用好它。

2006年，中共中央办公厅转发《中共中央党史研究室2006—2010年工作规划》，将革命遗址普查工作纳入议事日程。2007月12月，全国革命遗址普查工作开始在江西省试点。2009月11月，中共中央党史研究室印发《全国革命遗址普查工作实施方案》，标志着全国性的革命遗址普查工作全面铺开。2010年1月，中共湖南省委办公厅转发《省委党史研究室关于做好全省革命遗址普查工作的报告》，省委党史研究室下发《湖南省革命遗址普查实施方案》，全省革命遗址普查工作正式启动。

根据上级部署和要求，县委党史办于2010年2月正式启动全县革命遗址普查工作。至12月基本完成普查任务，并按要求上报了21处重要遗址资料（已编入全国革命遗址普查成果丛书——《湖南省革命遗址通览·常德卷》）。

从2011年起，县委党史办年年将编纂《石门县革命遗址遗迹》纳入年度工作计划，克服人员、经费、设备、时间等困难，通过5年艰苦细致的实地走访调查，收集积累了95处革命遗址遗迹的文字与图片资料，经认真整理、反复修改，形成了20多万字的付印稿。

石门县是革命老区。革命遗址是革命历史的见证，是开展党史教育、革命传统教育的重要阵地。兹以为编纂《石门县革命遗址遗迹》应能达到以下三个目的：一是可以填补石门县革命遗址遗迹资料空白，丰富党史资料留存；二是通过系统化、条理化整理出版石门县革命遗址遗迹资料，方便读者利用，能更好地发挥教化育人作用;三是通过编纂出版真实性、权威性的全县革命遗址遗迹资料,可保障真实传承。

在石门县革命遗址普查工作开展过程中,县文物局、县老区办、县档案馆、县博物馆及蒙泉镇、白云乡、三圣乡、夹山镇、壶瓶山镇、南北镇、新关镇等单位给予大力支持,且得到了涂生斌、王钟鸣、马宏、袁健、袁云贵、詹海燕、殷远明、文希国、陈朝栋、覃学良、覃志强、涂毅、涂福海、杨群康、刘金贵、杨太元、朱泽和、朱泽友、李加安、贺文龙、涂生贞等有关人士的友情协助,在此表示衷心的感谢!

《石门县革命遗址遗迹》编纂工作得到了县委、县政府的高度重视与支持,县委书记谭本仲,县委副书记、县长郭碧勋担任总顾问。县委常委、县委常委、常务副县长周功表,县委办公室主任胡杰担任顾问,并在经费上给予保障。县委党史联络组组长王浦堂审阅了书稿。在此表示敬意和谢意。

由于历史资料、专业知识、工作能力的局限,《石门县革命遗址遗迹》的缺陷与不足在所难免,敬请读者指正。

中共石门县委党史办

2016年12月